Engl / Thumaier

Damit die Liebe bleibt

Verlag Hans Huber

Programmbereich Psychologie

HUBER

Joachim Engl / Franz Thurmaier

Damit die Liebe bleibt

Richtig kommunizieren in mehrjährigen Partnerschaften

Verlag Hans Huber

Anschrift der Autoren:
Institut für Forschung und Ausbildung in Kommunikationstherapie
Rückertstr. 9, 80336 München
Fon: (089) 54 43 11-0
www.institutkom.de

Programmleitung: Tino Heeg
Lektorat: Lisa Binse, Rheda-Wiedenbrück
Herstellung: Jörg Kleine Büning
Umschlaggestaltung: Claude Borer, Basel
Druckvorstufe: Satzkiste GmbH, Stuttgart
Druck und buchbinderische Verarbeitung: AZ Druck und Datentechnik GmbH, Kempten
Printed in Germany

Bibliografische Information der Deutschen Nationalbibliothek
Die Deutsche Nationalbibliothek verzeichnet diese Publikation in der Deutschen Nationalbibliografie; detaillierte bibliografische Daten sind im Internet über http://dnb.d-nb.de abrufbar.

Anregungen und Zuschriften bitte an:
Verlag Hans Huber
Lektorat Psychologie
Länggass-Strasse 76
CH-3000 Bern 9
Tel: 0041 (0)31 300 4500
Fax: 0041 (0)31 300 4593
verlag@hanshuber.com
www.verlag-hanshuber.com

1. Auflage 2012

ISBN 978-3-456-85087-0

Inhaltsverzeichnis

Kommunikation ist nicht alles, aber …

… wer wünscht sich nicht lebenslanges Glück mit dem richtigen Partner? Dauerhafte Zufriedenheit in Ehe und Partnerschaft wird in entsprechenden Umfragen immer wieder als eine der wichtigsten Quellen für Lebensfreude und psychische Stabilität genannt. Zufriedene Paare haben bessere Chancen auf ein gesünderes und längeres Leben, und auch deren Kinder profitieren in vielfacher Hinsicht.

Leider gelingt es vielen Paaren nicht, ihr Beziehungsglück zu halten. Mittlerweile werden in Deutschland gut 40 Prozent der Ehen geschieden. Auch Partner, die sich einander sicher glauben, können auch noch nach Jahren in heftige Beziehungskrisen geraten. Trotzdem: Noch gibt es deutlich mehr Ehen, die halten, als Scheidungen. Und natürlich kommt es nicht nur auf die Stabilität, sondern vor allem auch auf die Qualität der Beziehung an.

Noch gibt es in unserer Bevölkerung überwiegend die Vorstellung, dass das Beziehungsglück ganz allein von der richtigen Partnerwahl abhängt. Trotzdem ist auch die Liebe zwischen an sich passenden Partnern stark abstiegsgefährdet, wenn das kommunikative Zusammenspiel nicht stimmt. Diese Erkenntnis hat sich noch nicht wirklich herumgesprochen und auch nicht, was man hier genau beachten und dazulernen kann. Viele reden sich unnötig auseinander, können sich aber nicht wieder zusammenschweigen.

Gute Paargespräche sind lernbar. Hierfür wurden von Prof. Kurt Hahlweg und uns die intensiven und auch langfristig sehr erfolgreichen Paarkommunikationstrainings EPL und KEK entwickelt. Damit sich Paare mit wesentlichen Inhalten daraus auch zu Hause vertraut machen können, entwickelten wir mit Fördermitteln des Bayerischen Familienministeriums interaktive DVDs (Produktion: Preview Production, München).

Weil nicht jede Frau und vor allem nicht jeder Mann unsere intensiven Kommunikationstrainings besucht, wurde das Medium DVD „Ein Klick mehr Partnerschaft“ gewählt, damit Paare sich mit wesentlichen Inhalten aus den Trainings auch zu Hause vertraut machen können.

Mithilfe der beigefügten DVD und des im Buch enthaltenen Begleittextes werden Paare auf unterschiedliche Kommunikationsstile und deren kurz- und längerfristige Folgen für die Partnerschaft aufmerksam gemacht. Durch das Betrachten der einzelnen Filmszenen und den demonstrierten unterschiedlichen Möglichkeiten, mit diesen umzugehen, sollen sie für eigene Kommunikationsfehler sensibilisiert und zu konstruktiverer Paarkommunikation ermutigt werden. Durch diese spielerisch spannende Auseinandersetzung mit den wesentlichen Regeln partnerschaftlicher Kommunikation wird präventiv ein Bewusstsein für einen anhaltend konstruktiven Umgang miteinander gefördert.

Damit gelangt Prävention quasi ins Wohnzimmer, und das ganz ohne Hemmschwellen, wie das bei anderen präventiven Paarangeboten leider immer noch der Fall ist. So verpackt ist Auseinandersetzung mit Beziehungen – ja sogar mit der eigenen – auch für uns Männer erträglich, zumal wir ja zumindest die Fernbedienung im Griff haben.

Also mit einem Klick zum Eheglück? Ein bisschen mehr an „Beziehungsarbeit“ gehört wohl schon noch dazu. Doch der erste wichtige Baustein hierfür könnte damit schon gelegt sein.

Wir freuen uns, durch dieses Buch mit DVD wichtige Fertigkeiten nun auch über diesen Weg an den Mann und an die Frau bringen zu können. Das Buch ist auch für Fachleute gedacht, die sich mit dem nötigen Hintergrundwissen rüsten können, um Paare zur Beschäftigung mit ihrer Kommunikation zu motivieren und auch ganz gezielt ausgewählte Szenen aus der DVD einzusetzen sowie Übungen in der eigenen Praxis durchzuführen. Dazu sind zahlreiche Arbeitsblätter und Vorschläge enthalten. Zugunsten der Lesbarkeit wurde im Text größtenteils für Personenbezeichnungen, wie zum Beispiel „Trainer“, „Partner“ oder „Teilnehmer“, nur die männliche Sprachform verwendet. Selbstverständlich sind damit Personen beiderlei Geschlechts gemeint.

Die maßgebliche Projektförderung der DVD ist dem bayerischen Sozialministerium zu verdanken. Insbesondere danken wir Frau Ministerialrätin Gisela Deuerlein-Bär für ihr großes Engagement auch in dieser Sache und ihr nachhaltiges Interesse an unserer Arbeit insgesamt.

Bleibt uns nur noch zu wünschen, dass viele Fachleute neue Impulse und Ermutigungen für ihre Arbeit mit Paaren erhalten, viele Paare dieses neue Medium für ihre Beziehung nutzen und darüber hinaus die einen oder die anderen noch Lust bekommen, sich auf weitere qualifizierte präventive Angebote einzulassen.

München, im Sommer 2012
Joachim Engl, Franz Thurmaier

1. Teil
Was Sie über Kommunikation und Partnerschaft wissen sollten

1. Kommunikation und Beziehungsglück hängen zusammen

In diesem Kapitel versuchen wir Ihnen einen kurzen Überblick zu vermitteln, wie sehr gelungene Kommunikation zu einer dauerhaft zufriedenen Beziehung beitragen kann. Der wissenschaftliche Hintergrund hierzu ist wesentlich ausführlicher in den drei Folgekapiteln beschrieben.

Die Erkenntnisse der neueren Ehe- und Partnerschaftsforschung zeigen, dass einer der wichtigsten Faktoren für das empfundene Beziehungsglück die Art und Weise ist, wie die Partner miteinander umgehen, wie sie miteinander sprechen, dem Anderen zuhören, wie sie auftauchende Probleme angehen und sie gemeinsam zu lösen versuchen, kurz: wie sie miteinander „kommunizieren".

Mithilfe dieses Buches und der DVD wollen wir Verhaltensweisen bewusst machen, die zum Erhalt einer zufriedenen Paarbeziehung wesentlich beitragen. Dazu ist es wichtig, typische Fehler im Gespräch erkennen zu können und Alternativen zu erleben, gut mit Belastungssituationen umzugehen sowie der Partnerschaft immer wieder neue Impulse zu geben.

Sich verstehen ist nicht selbstverständlich

Eine auf Dauer zufriedene Ehe zu führen ist trotz aller guten Vorsätze und Wünsche nichts Selbstverständliches, sondern eine Kunst, die gelernt werden muss und kann. Entscheidungen, welche die Beziehung betreffen, müssen gemeinsam ausgehandelt, persönliche Wünsche aufeinander abgestimmt und die Übernahme von Verpflichtungen immer wieder aufs Neue vereinbart werden. Es ist nicht zu übersehen, dass solch eine Beziehung Gesprächsfertigkeiten und Gesprächsbereitschaft bei beiden Partnern voraussetzt. Nicht selten kann es beim oben beschriebenen „Aushandeln", „Abstimmen" und „Vereinbaren" zu Konflikten und Streitigkeiten kommen.

Doch nur Probleme, die offen zutage treten, bergen die Chance in sich, auch gelöst werden zu können.

Dabei ist „Lösung" hier oft als Erleichterung zu verstehen. Meist geht es darum, dass Paare es schaffen, ihren immer wieder gleichen und wiederkehrenden Problemen die Spitze zu nehmen, sodass zum Beispiel unterschiedliche Bedürfnisse nicht in der Kränkung des Partners münden. Ebenso wichtig ist es, trotz aller Belastungen das Angenehme am Partner und die Stärken der Beziehung nicht aus dem Blick zu verlieren und sich immer wieder neu füreinander zu engagieren. Dies lohnt sich doppelt, da von einer zufriedenen Paarbeziehung der Eltern auch die Kinder unmittelbar profitieren. Die Beziehungsqualität der Eltern ist der wichtigste Vorhersagefaktor für eine gelingende Kindesentwicklung. Gleichzeitig ist die Kommunikation der Eltern Modell für die Kinder.

Der Ton macht die Musik

Partner in Beziehungen mit dauerhaft hoher Qualität verhalten sich bei Problemgesprächen wesentlich positiver, sprechen häufiger über ihre eigenen Gedanken, Gefühle und Bedürfnisse und vermitteln dem Partner immer wieder, dass sie ihn und seine Äußerungen akzeptieren. Personen in Beziehungen mit langfristig niedriger Qualität drücken sich verbal und nonverbal negativer aus, kritisieren ihren Partner häufiger, werten ab, nehmen die Äußerungen des Anderen seltener an und weichen einander häufiger aus als die Paare, die in ihrer Beziehung auch nach vielen Jahren noch zufrieden sind. Negative Verhaltensweisen unterlaufen auch zufriedenen Paaren, diese eskalieren jedoch nicht so weit wie bei unzufriedenen Paaren, die sich viel schwerer aus einem negativen Zirkel lösen können. Deshalb wird bei unzufriedenen Paaren oft trotz gemeinsamer Kinder früher oder später die Beziehung gelöst.

Gute Kommunikation ist lernbar

Es gibt mittlerweile Hunderte von Studien, die die Ingredienzien dauerhaften Eheglücks zu ermitteln versuchten. Wichtig sind vor allem folgende Aspekte:

- das persönliche Potenzial der Partner (zum Beispiel gesundes Selbstwertgefühl, Einfühlungsvermögen, Fähigkeit, auch mal allein sein zu können)

- das Potenzial der Beziehung (die gegenseitige Attraktion, Liebe und Zuneigung)
- das Zusammenpassen der Partner (zum Beispiel in Bezug auf Lebensstile und -pläne, Wertvorstellungen, Rollenaufteilung)
- das Miteinander-Umgehen in verschiedenen Partnerschafts- und Familienphasen (zum Beispiel Geburt des ersten Kindes, Arbeitsplatzwechsel, Immobilienerwerb, …)

Faktoren aus diesen Bereichen haben je nach Ausprägung einen sehr unterschiedlichen Einfluss auf die Beziehungsqualität. Unterschiedlich ist jedoch auch die Einflussmöglichkeit auf die jeweiligen Faktoren. Diese ist gerade in Bezug auf die ersten drei Bereiche gering. Es gibt leider viel zu viele Paare, die trotz großer ursprünglicher Liebe und trotz guten Zusammenpassens an der Art des Miteinander-Umgehens scheitern, weil sie zum Beispiel in Stresssituationen nicht gut aufeinander eingehen können. Auch wer sich „richtig" liebt, kann sich schnell verlieren, wenn man nicht richtig miteinander redet. Das ist die schlechte Nachricht. Die gute Nachricht ist: Richtig miteinander reden lässt sich lernen – wie andere Fertigkeiten auch – mit der nötigen Übung und mit dem eigenen Partner.

Kommunikative Fertigkeiten dienen zum einen als Hilfe zur besseren Verständigung, darüber hinaus allerdings auch als Mittel zur besseren Selbsterkenntnis und zur Veränderung von ungünstigen Einstellungen. Dies dient dem Erhalt von Liebe und Zuneigung in der Partnerschaft ungemein.

Deshalb ist es von großer Bedeutung, dass Paare sich darüber bewusst werden, welche besonderen Stärken im Miteinander-Umgehen zu erhalten sind, auf welche Fehler sie in ihrer gemeinsamen Kommunikation besonders achten müssen und wie sie diese am besten vermeiden können. Miteinander reden soll guttun – nicht wehtun.

Stresssituationen treten in jeder Partnerschaft auf. Wie belastend diese wirken, hängt maßgeblich davon ab, wie man darauf reagiert. Die häufige Tendenz zu Kampf oder Flucht mündet meist in Beschuldigungen des Partners oder im Vermeiden und Abblocken. Dies schafft allenfalls eine sehr kurzfristige Entlastung. Mittel- und langfristig wird alles nur noch schlimmer. Um Eskalationen zu vermeiden, ist es wichtig, sich eigener Kommunikationsfehler zumindest bewusst zu sein, um gezielt einen besseren Weg im Miteinander-Umgehen einschlagen zu können.

In den drei folgenden Kapiteln möchten wir etwas ausführlicher auf die Forschungsbefunde zur Bedeutung der Beziehungsqualität, auf lerntheoretische Annahmen zu deren Veränderung sowie auf wichtige Erkenntnisse über den zentralen Faktor der Paarinteraktion eingehen. Wenn Sie an diesem wissenschaftlichen Hintergrund weniger interessiert sind, überspringen Sie einfach diese Kapitel und fahren fort mit Kapitel 5 (s. Seite 39).

2. Die Beziehungsqualität und ihre Bedeutung

„So manche Ehe und Partnerschaft könnte harmonischer, liebevoller und vernünftiger gelebt werden, wenn es bei uns tatsächlich genauso selbstverständlich, wie es Fahrschulen gibt, auch ‚Eheschulen' gäbe" (Lazarus, 1988, 9), behauptete schon in den 1980er-Jahren der bekannte amerikanische Verhaltenstherapeut Arnold A. Lazarus. Kein qualifizierter Beruf ist ohne Ausbildung möglich, nur für den „Beruf" eines Ehepartners und Elternteils gibt es bisher kaum das Bewusstsein, dass auch dafür entsprechende Vorbereitung nötig ist. Nur langsam wächst das Bewusstsein darüber, dass Liebe nicht nur ein Wort ist, sondern auch vieler offener Worte bedarf, wenn sie innerhalb einer Partnerschaft blühen und gedeihen soll.

In allen untersuchten Kulturen wünschen sich die Befragten ein Leben in einer intimen Partnerschaft oder Ehe (Buss, 2004). Das zeigt sich auch darin, dass in den westlichen Industrienationen etwa 80 – 90 Prozent der über 50-Jährigen mindestens einmal verheiratet waren oder sind. Die Familie ist für den allergrößten Teil der Bevölkerung das wichtigste Lebensumfeld und liegt in ihrer Wertschätzung weit vor Beruf und Freizeitaktivitäten. Das Bundesfamilienministerium geht davon aus, dass in Zeiten wirtschaftlicher Krisen und der dadurch ausgelösten Ängste der hohe Stellenwert der Familie sogar noch zunehmen dürfte. 74 Prozent der in Deutschland lebenden Familien sind Ehepaare. Der Anteil der Kinder, die bis zum 18. Lebensjahr bei beiden leiblichen Eltern aufwachsen, liegt bei über 80 Prozent (BMFSFJ, 2009).

In allen Umfragen zur Lebenszufriedenheit treten sowohl Liebe und Partnerschaft als auch Familie als zentrale Faktoren des Wohlbefindens der Bevölkerung hervor und stellen somit eine der wichtigsten Quellen für Lebensfreude und psychische Stabilität dar (Bodenmann/Hahlweg, 2003, 192).

Erst dann kommen Gesundheit, Beruf und Einkommen. Allerdings enden die Hoffnungen auf ewige Liebe und ein dauerhaft tragfähiges Miteinander nur allzu oft in anhaltender Unzufriedenheit, wenn die Erwartungen an die Partnerschaft und der erlebte Beziehungsalltag auseinanderklaffen.

Hinzu kommt, dass Paare in mehrjähriger Beziehung mit vielen, teils krisenhaft erlebten Schwellensituationen konfrontiert werden, wie der Geburt des ersten Kindes, beruflicher und finanzieller Absicherung, Veränderungen bzgl. der Partner- und Elternrollen und weitreichenden Anforderungen an Erziehung und Familiengestaltung. Stehen für diese vielfältigen Aufgaben keine angemessenen Bewältigungs- und Problemlösefertigkeiten zur Verfügung, kann dies zu schweren gegenseitigen Enttäuschungen und Verletzungen und infolge zu einem Motivationsverlust gegenüber der Partnerschaft bis hin zu ihrer Zerrüttung führen (vgl. Engl, 1997; Schneewind et al., 2000; Schneewind / Wunderer, 2003).

Operationalisierung des Eheglücks

Ehequalität, bzw. Ehezufriedenheit, was wird überhaupt darunter verstanden? Zu Beginn von festen Beziehungen dominieren manchmal nur die wahrgenommenen Möglichkeiten der gegenseitigen Aufwertung und Bestätigung, aber in der Regel wird sowohl bei jungen als auch bei älteren Paaren das erlebte Ausmaß der Verwirklichung von fünf übergeordneten Aspekten zur Beschreibung von partnerschaftlicher Zufriedenheit herangezogen:

- befriedigende Sexualität und Zärtlichkeit,
- gegenseitige Wertschätzung und Akzeptanz,
- Gemeinsamkeit und Übereinstimmung,
- gegenseitige Anregung und Unterstützung und
- befriedigende Konfliktlösungen, ein Aspekt, der mit der Dauer der Beziehung und vor allem nach der Gründung einer Familie immer wichtiger wird.

An diesen Aspekten orientieren sich auch alle renommierten Fragebögen, die die Ehequalität zu messen versuchen, zum Beispiel der Partnerschaftsfragebogen (PFB) von Hahlweg (1996) (siehe Seite 39).

Korrelationen mit dem Beziehungsglück

Personen in einer zufriedenen Beziehung leben erwiesenermaßen länger und physisch und psychisch gesünder als Alleinstehende – nach dem Motto: „Liebe ist die beste Medizin" (zum Beispiel Coyne et al., 2001; Kiecolt-Glaser et al., 2005). Andererseits schaffen es viele Paare nicht, auf Dauer miteinander glücklich zu bleiben.

Die in den letzten Jahrzehnten ständig gestiegenen Scheidungsraten führen dann dazu, dass die Ehe nur allzu schnell totgeschrieben wird. „Die lebenslange Ehe – ein Auslaufmodell", so oder so ähnlich titelt die Presse immer wieder, wenn die neuesten Scheidungsstatistiken veröffentlicht werden.

Dauerhaft unglückliche oder letztendlich scheiternde Partnerschaften sind mit einer Reihe von negativen Konsequenzen für die Betroffenen verbunden, die weit über das „bloße Leiden" in der Beziehung hinausgehen.

Mögliche Konsequenzen mangelnder Partnerschaftsqualität und -stabilität

Auch ursprünglich auf das Individuum bezogene Therapieformen wie die Psychoanalyse und die Verhaltenstherapie widmen sich nun verstärkt der Paarinteraktion, denn längst gibt es deutliche Hinweise auf den großen Einfluss von Paar- und Familienklima auf den Verlauf und die Therapie von psychischen und somatischen Erkrankungen der Partner (vgl. Bodenmann, 2009; Coyne et al., 2001; Kiecolt-Glaser et al., 2005; Proulx et al., 2007) sowie auf die Entwicklung der Kinder (vgl. Cummings / Davies, 2002; El-Sheikh et al., 2007; Posada / Pratt, 2008; Saxbe / Repetti, 2009).

So konnte beispielsweise Whisman (1999) in einer groß angelegten Studie den engen Zusammenhang von Ehequalität und dem Auftreten von psychischen Störungen belegen, indem er die Daten von 2.538 verheirateten Personen im Alter von 15 bis 54 Jahren dahingehend auswertete. Es zeigte sich zum einen, dass Partner mit niedriger Ehequalität wahrscheinlicher eine psychische Störung haben als Partner mit hoher Ehequalität. Das Risiko ist 3-mal höher für affektive Störungen, 2,5-mal höher für Angststörungen und 2-mal höher für Abhängigkeiten und damit als hoch und klinisch relevant zu bewerten. Partnerschaftsqualität erscheint somit als relevanter, spezifischer Stressor für das Auftreten psychischer Störungen.

Wohl wegen der hohen Auftretenshäufigkeit wurden gerade die Zusammenhänge von Depression und Partnerschaftsqualität vielfach untersucht (siehe Hahlweg / Baucom, 2008). Mit großer Konstanz zeigen die Studien, dass eine geringe Partnerschaftsqualität einen Rückfall nach erfolgreicher Depressionsbehandlung vorhersagt, während eine Verbesserung der Partnerschaftsqualität hoch mit der Reduktion von Rückfallrisiko und depressiver Symptomatik korreliert (Whisman, 2001).

Übersicht der Befunde aus den genannten Studien:

Psychische Gesundheit der Partner

In unzufriedenen Beziehungen weisen Frauen und Männer ein höheres Risiko für psychiatrische Störungen auf.

Geschiedene Personen sind überproportional häufig in stationären und ambulanten psychiatrischen Populationen vertreten.

Patienten mit schizophrener oder affektiver Psychose, die in einer unzufriedenen Beziehung leben, haben ein höheres Rückfallrisiko.

Geringere Beziehungsqualität geht für Frauen mit erhöhten Depressionswerten einher.

Beziehungsstörungen erhöhen das Risiko für Angststörungen: Phobie, Panikstörung, generalisierte Angststörung.

Physische Gesundheit der Partner

Geschiedene und getrennt lebende Partner weisen in epidemiologischen Studien eine schlechtere körperliche Gesundheit auf als vergleichbare verheiratete, verwitwete oder unverheiratete Personen.

Verheiratete Personen mit und ohne vorliegender Erkrankung leben länger.

Schlechtere Beziehungsqualität geht einher mit einer schlechteren Einschätzung der Gesundheit.

Unzufriedenere Partner verfügen über eine schlechtere Immunfunktion.

Auswirkungen auf die Kinder

Niedrige Ehequalität der Eltern ist mit bedeutsamen gegenwärtigen und zukünftigen Anpassungsproblemen der Kinder verbunden.

Diese Anpassungsprobleme zeigen sich externalisiert in aggressivem Verhalten oder internalisiert in Form von Angst, Depression oder somatischen Beschwerden.

Kinder unglücklich verheirateter Eltern zeigen eine größere physiologische Reaktivität ihrer Herzrate und produzieren größere Mengen an Stresshormonen.

Kinder aus Scheidungsfamilien zeigen höhere Raten an Verhaltensstörungen wie schulischen Problemen, Disziplinproblemen, Beziehungsproblemen mit Gleichaltrigen und eine schlechtere physiologische Gesundheit.

Konsequenzen für erwachsene Kinder

Erwachsene, die als Kinder die Scheidung ihrer Eltern erlebt haben, weisen eine geringere psychische Gesundheit und eine geringere Ehequalität und -stabilität auf und leben mit größerer Wahrscheinlichkeit selbst getrennt oder geschieden.

3. Zwei Annahmen über partnerschaftliche Interaktionen: Reziprozität und Zwangsprozess

Zur Beantwortung der Frage, warum Partnerschaften ge- oder misslingen, haben die großen psychologischen Schulrichtungen theoretische Erklärungsmodelle entwickelt. Als ein Beispiel sei das psychoanalytische „Kollusionskonzept" (Willi, 1975 / 1978) genannt, das unbewusste Zusammenspiel von Partnern mit Fixierung auf ein und derselben psychosexuellen Entwicklungsstufe, der eine allerdings mit regressiver, der andere mit progressiver Ausprägung: Ein Konzept, das ebenso populär wie empirisch unfundiert geblieben ist.

Bei der Konzeption unserer Paarkommunikationsprogramme orientierten wir uns auch an zwei im Folgenden kurz dargestellten lerntheoretischen Annahmen, die die dringend nötige Erweiterung vom Individuum weg hin zu der Interaktion beider Partner erfahren hatten.

Ausgewogenheit in der Partnerschaft: Reziprozität

In einer zufriedenen Beziehung haben die beiden Partner den Eindruck, dass sie das, was sie in die Beziehung investieren, vom anderen auch wieder zurückbekommen. Bei deutlicher Ungleichheit in einer Beziehung wird derjenige sich schuldig fühlen, der mehr Nutzen aus den Interaktionen zieht. Aggressiv oder zumindest ärgerlich wird derjenige reagieren, bei dem der größere Teil der Kosten liegt. Beide werden sich deshalb bemühen, wieder Gleichheit herzustellen. Für Hahlweg et al. (1982) ist dieses Streben nach Gleichheit die allgemeinste Beschreibung für Reziprozität.

Gottman et al. (1976) stellten als einfache, auch Paaren leicht verständlich zu machende Erklärung für diesen Sachverhalt das sogenannte Bankkonto-Modell auf. Nach diesem Modell starten Paare mit einem großen Guthaben. Die Partner investieren in ihre Partnerschaft, sie belohnen sich, ohne dass sie auf einen sofortigen Ausgleich drängen. Über längere Zeit betrachtet gleichen sich die Konten im positiven Bereich aus. In zufriedenen Beziehungen zahlen die Partner gleichsam häufiger ein, während unzufriedene Paare eine zu geringe Grundrate an positiven Verhaltensweisen zeigen, also quasi zu wenig einzahlen. Nach diesem Modell ist es die Aufgabe eines Paares, für eine zufriedenstellende Partnerschaftsentwicklung ein hohes Niveau an positivem Austausch zu erhalten, um negative Ereignisse, welche im Laufe der Beziehung immer wieder auftreten werden, besser ausgleichen und bewältigen zu können. Rückblickend auf seine jahrzehntelange Paarforschung resümiert Gottman (1994), dass es für eine dauerhafte Ehezufriedenheit wesentlich ist, dass es zwischen den Partnern mindestens fünfmal so viel positiven Austausch wie negativen gibt, damit negative Einflüsse nicht ihre beziehungszerstörende Wirkung entfalten können.

Die Annahmen des Bankkonto-Modells gelten allerdings nur bei zumindest mittlerer Beziehungsqualität. Bei chronisch konflikthaften oder innerlich bereits distanzierten Paaren hat sich gezeigt, dass positives Verhalten des einen Partners (zum Beispiel Selbstöffnung) nicht mehr unbedingt reziprok positiv beantwortet wird (Hahlweg, 1986). Warum? Wichtiger als das bloße Verhalten ist die Bewertung dieses Verhaltens durch den Partner. Bei beiderseits unzufriedenen Partnern zeigt sich ein ausgesprochen unglückliches Attributionsmuster (Gottman, 1994): Negative Verhaltensweisen werden als Anzeichen der „schlechten Persönlichkeit" des Partners interpretiert, positive Verhaltensweisen als situativ oder gar als verdeckte Strategie. In glücklichen Beziehungen zeigt sich ein gegenteiliges Bewertungsmuster, das den Paaren in Verbindung mit entsprechenden Kommunikationsfertigkeiten ermöglicht, schneller aus einer negativen Eskalation auszusteigen. Nach Gottman (1994) erfolgt der Wechsel von beziehungsfördernden zu beziehungsschädigenden Attributionsmustern vor allem durch besonders drastische Kommunikationsfehler (persönliche Kritik, Abwertung / Verachtung, Abwehr, Abblocken), die beim Partner massive Gefühle der Enttäuschung, der Wut, des Nicht-verstanden-Werdens oder auch Verunsicherung und Hilflosigkeit auslösen, sodass der Partner als Person beziehungsweise die gesamte Beziehung in Frage gestellt wird. Eine einmal so angeknackste Beziehung mündet entweder in Trennung und Scheidung oder in einem dauerhaften Gegeneinander. Sie ist, wenn überhaupt, wegen ihrer festgefahrenen Attributionen und Interaktionen nur durch eine entsprechende Therapie positiv veränderbar.

Der Zwangsprozess

Um die negative Entwicklung von einer zufriedenen zu einer unzufriedenen Partnerschaft besser erklären zu können, ist es sinnvoll, das von Patterson und Hops (1972) beschriebene Modell des Zwangsprozesses in die Betrachtungen aufzunehmen. Dabei gehen die Autoren sowohl von der Theorie des sozialen Lernens (Bandura, 1971) als auch von der Reziprozitätsannahme aus.

Nach diesem Modell kommt es in der Anfangsphase einer Beziehung zu überwiegend positiv bewerteten Verhaltensweisen bei beiden Partnern. Dadurch hält sich die gegenseitige Attraktion über einem kritischen Niveau. Das positive Verhalten des einen verstärkt das positive Verhalten des anderen. Die Gefahr, dass ein Zwangsprozess beginnt, besteht erst dann, wenn ein Partner sich wünscht, dass der andere sein Verhalten ändert und dieser Partner nicht bereit dazu ist.

Für den Wunsch nach Verhaltensänderung kann es mehrere Gründe geben (vgl. Hahlweg et al., 1982). Zum einen kann eine Veränderung im sozialen Umfeld der Partner eintreten. Ereignisse wie Geburt eines Kindes, Arbeitsplatzverlust, Umzug und so weiter fordern zu ihrer Bewältigung veränderte Verhaltensweisen, zu denen ein Partner vielleicht nicht bereit ist. Zum Zweiten können Veränderungswünsche auftreten, wenn sich im Laufe der Beziehung herausstellt, dass ein Partner sich nicht so verhält, wie der andere es ursprünglich erwartet hat. Sei es, dass der Partner sich nicht in die erhoffte Richtung weiterentwickelt, sei es, dass die Erwartungen des einen Partners wegen ihrer Überzogenheit und Irrealität zwangsläufig enttäuscht werden müssen (vgl. Jellouschek, 2000) oder dass ein anfangs idealisierendes Paar langsam die unterschiedlichen Bedürfnisse des jeweiligen Partners erkennt und diese im eigenen Sinne verändert haben möchte. Zum Dritten kann ein Wunsch nach Verhaltensänderung in bestimmten, täglich auftretenden Verhaltensweisen des Partners begründet liegen, die einzeln und für sich genommen nur Kleinigkeiten darstellen, deren Häufung allerdings zunehmend aversiv erlebt wird. Paradebeispiel hierfür ist die mittlerweile sprichwörtlich gewordene, schlampig ausgedrückte Zahnpastatube.

Idealerweise wäre eine Veränderung durch positive Verstärkung des adäquaten Verhaltens und Löschung des inadäquaten Verhaltens zu erreichen. Diese positive Kontrolle ist allerdings relativ selten, da es den meisten Menschen aufgrund ihrer persönlichen Lerngeschichte näherliegt, auf unerwünschtes Verhalten mit Bestrafung zu reagieren. Deshalb werden die wiederholten Wünsche nach Verhaltensänderung langsam zur Kritik, wenn sie nicht fruchten. Dieser Kritik gibt der Partner häufig zunächst eine Zeitlang nach, wodurch sie eine positive Verstärkung erfährt. Dadurch wird die

Kritik häufiger und intensiver, und der andere Partner lernt aus diesem Verhalten via Modell-Lernen (Bandura, 1971) und wendet die gleichen Strategien seinerseits an. Damit befindet sich das Paar in einer gegenseitigen aversiven Kontrolle.

Ein verhängnisvolles Merkmal dieser aversiven Kontrolle ist es, dass das inadäquate Verhalten durch Bestrafung nur kurzfristig unterdrückt wird, sodass das Problem oder der Konflikt nicht endgültig gelöst werden kann, sondern immer wieder auftreten wird. Mit der Zeit werden auf diese Weise immer mehr ungelöste Konflikte entstehen, beide verwenden schließlich nur noch bestrafende Methoden, um sich gegenseitig zu beeinflussen. Die häufigsten dieser Methoden bei Paaren sind Nörgeln, Weinen, Schreien, Abwertungen, Anschuldigungen oder der Entzug von Verstärkern, wie zum Beispiel Verweigerung sexueller Aktivität oder genereller Abbruch des sozialen Kontaktes für eine gewisse Zeit. Mit der Zunahme dieser aversiven Interaktionen wird die gegenseitige Anziehung immer geringer, bis die Beziehung auseinanderfällt.

Eine interessante, weitere „kognitive" Ausweitung erfährt das Zwangsprozessmodell durch neuere Stressforschungsstudien bezüglich Ehe und Partnerschaft. Diese unterstreichen den Einfluss unterschiedlicher Copingstrategien auf die Paarinteraktion (Bodenmann et al., 1994). Wer unter Stress zu negativen Annahmen und vor allem zu intrapsychischen Selbst- und Partnervorwürfen neigt (zum Beispiel „Das kann ja nur schiefgehen.", „Ich Idiot werde versagen.", „Sie hilft mir sowieso nicht."), wird auch nicht konstruktiv mit dem Partner interagieren können, dieser wird wiederum negativ reagieren, neuer Stress kommt hinzu und ein Zwangsprozess könnte ausgelöst werden.

Wie man in Gedanken oder im Selbstgespräch mit sich selbst und mit dem Partner umgeht, so entwickelt sich auch das Paargespräch. Die Verinnerlichung konstruktiver Gesprächsregeln sollte also nicht nur auf das Gespräch mit dem Partner beschränkt sein.

4. Was Kommunikationsqualität für die Beziehung bedeutet

Problembereiche und Problembelastung

Wenn man nach den häufigsten Problembereichen bei Paaren fragt, bekommt man immer wieder ähnlich lautende Hitlisten bei unzufriedenen, aber auch bei zufriedenen Paaren.

Drei Viertel der Paare, die Therapie oder Beratung aufsuchen, haben Schwierigkeiten in der Sexualität. Allerdings die Hälfte der zufriedenen Paare ebenso (Schröder et al., 1994).

Ein weiterer Problembereich ist das Thema Zuwendung und Verständnis. Dann heißt es zum Beispiel: „Du liebst mich nicht mehr.", „Du achtest mich nicht als Person.", „Du verstehst mich einfach nicht." Sehr viele klagen auch über das Temperament des Partners (er oder sie ist zu passiv, zu depressiv, zu aggressiv und so weiter). Auch die Freizeitgestaltung wird als problematisch empfunden, ebenso wie das fehlende Vertrauen zum Partner und Einschränkungen in der persönlichen Freiheit.

Vergleicht man die Problembereiche unglücklicher Paare mit denen zufriedener Paare, dann fällt auf, dass die Konfliktthemen nahezu identisch sind, aber weit weniger oft zu dauerhaften Krisen führen. So steht zwar auch bei zufriedenen Paaren die Sexualität an erster Stelle der Problemliste, doch so gut wie kein zufriedenes Paar scheint damit unlösbare Schwierigkeiten zu haben, während dieser und andere Problembereiche bei langfristig unzufriedenen Paaren eskalieren oder sich chronifizieren.

Selbstverständlich sind all diese Bereiche nicht unabhängig voneinander und bedingen sich teilweise gegenseitig.

Interaktionsqualität als Prädiktor des Eheverlaufs

Die Vergleichbarkeit der häufigsten Problemthemen bei zufriedenen wie unzufriedenen Paaren stützt die verhaltenstheoretische Annahme, dass die Interaktion der Partner für das Eheglück entscheidend sein muss, da langfristig zufriedene Paare vorhandene Probleme offensichtlich besser bewältigen, ihnen quasi die Spitze nehmen können.

Und mit diesem Faktor „Interaktion“ hängt die Ehezufriedenheit langfristig auch am engsten zusammen. Wie die meisten Eheverlaufsstudien zeigen, korreliert mangelhafte Kommunikation beziehungsweise die Schwierigkeit, befriedigende und konstruktive Lösungen für familiäre Konflikte zu finden, mit zahlreichen Problemen (Unzufriedenheit mit der Partnerschaft, Trennung, Scheidung, negative Kindesentwicklung, Gewaltanwendung gegenüber Partner und Kind). Nach einer Metaanalyse von 115 Langzeitstudien aus dem Bereich der Partnerschaftsforschung fanden Karney und Bradbury (1995) heraus, dass sowohl die Qualität als auch die Stabilität von Partnerschaften am stärksten durch das Kommunikations- und Interaktionsverhalten der Partner beeinflusst werden.

Wir sind uns durchaus bewusst, dass über die Paarinteraktion hinausgehende Faktoren einen teils sehr starken Einfluss auf den Beziehungsverlauf haben (vgl. Braukhaus, 2002). Hier sind vor allem zu nennen: Persönlichkeitsfaktoren, individuelle Lerngeschichte und dyadische Aspekte wie zum Beispiel gegenseitige Attraktion, gemeinsame Werte sowie sozioökonomische Rahmenbedingungen.

Neben der geringen statistischen Aussagekraft von untersuchten Variablen aus diesen Bereichen in zahlreichen Studien sind persönliche und sozioökonomische Faktoren, wenn überhaupt, nur deutlich schwerer und langwieriger einer Veränderung zugänglich. Kommunikative Fertigkeiten sehen wir dagegen als leichter veränderbar an. Sie dienen zum einen als Hilfe zur besseren Verständigung, darüber hinaus allerdings auch als Mittel zur besseren Selbsterkenntnis und zur Veränderung von ungünstigen Einstellungen.

Hier verweisen wir auch auf ein Ergebnis der breit angelegten Studie zur „Beratungsbegleitenden Forschung (BF)“. Problementlastung und Verbesserung der partnerschaftlichen Zufriedenheit korrelierten am höchsten mit der subjektiv wahrgenommenen Verbesserung der Paarkommunikation.

Dies macht die herausragende Stellung von Verbesserungen im Kommunikationsverhalten für den Beratungserfolg deutlich. (Klann / Hahlweg, 1994, 144)

Kommunikationsmuster zufriedener und unzufriedener Paare

Hahlweg untersuchte als einer der Ersten im deutschsprachigen Raum die Kommunikationsmuster von zufriedenen und unzufriedenen Paaren. Er fand dabei heraus, dass sich Partner in Beziehungen mit hoher Ehequalität bei Problemgesprächen in ihrer Ehe wesentlich positiver verhalten, häufiger über ihre eigenen Gedanken, Gefühle und Bedürfnisse sprechen und dem Partner immer wieder vermitteln, dass sie ihn und seine Äußerungen akzeptieren. Personen in Beziehungen mit niedriger Ehequalität drücken sich verbal und nonverbal wesentlich negativer aus, kritisieren ihre Partner häufiger, werten ab, stimmen den Äußerungen des anderen seltener zu und rechtfertigen sich öfter als die Paare, die in ihrer Beziehung glücklich sind.

Deutlich unterscheiden sich zufriedene und unzufriedene Paare auch bei negativen Eskalationen, also in Gesprächsabschnitten, in denen sich die Partner gegenseitig kritisieren, beschuldigen, Vorwürfe machen oder Vorschlägen des anderen Partners nicht zustimmen.

Paaren mit hoher Beziehungsqualität gelingt es, solche Eskalationen nach kurzer Zeit abzubrechen. Hervorstechendes Merkmal der Paare mit niedriger Ehequalität ist dagegen deren Unfähigkeit, sich aus einem negativen Zirkel zu lösen. Es zeigt sich, dass diese Paare die affektive Qualität der Gesprächssituation nur äußerst schwer ändern können: Ist die Atmosphäre einmal negativ, so bleibt sie es auch mit sehr großer Wahrscheinlichkeit über einen langen Zeitraum (Hahlweg, 2003).

Belohnung und Bestrafung

Für einen gleichgewichtigen Austausch der Partner spielt Reziprozität im Sinne einer Balance zwischen Kosten und Nutzen eine wichtige Rolle. Wer viel in eine Beziehung investiert, wird dafür einen Gewinn erwarten und diesen gegebenenfalls einfordern. Ein positiver Austausch, wie er meist am Anfang einer Partnerschaft stattfindet, hängt auch von der jeweiligen Bewertung ab. Stark konflikthafte oder unzufriedene Paare vermuten sogar hinter einem vorerst angenehmen Verhalten des Partners einen negativen Hintergrund. Hier ist bereits das Grundvertrauen gestört und einem Muster aus Abwertung und negativer Attribution gewichen.

Um den jeweiligen Partner nach den eigenen Vorstellungen zu beeinflussen, setzen Paare mehr oder weniger bewusst Belohnungen und Bestrafungen, meist in sprachlicher Form, ein. Unter Belohnung lassen sich alle diejenigen Rückmeldungen zusammenfassen, die angenehm sind und dazu ermuntern, das bekräftigte Verhalten auch weiterhin zu tun, und dies wenn möglich sogar öfter und/oder intensiver. Bestrafung dagegen sind alle diejenigen Rückmeldungen, die unangenehme Empfindungen im Adressaten hervorrufen, was dieser in Zukunft zu vermeiden versuchen wird. Das „bestrafte“ Verhalten wird er folglich seltener oder gar nicht mehr tun oder zumindest darauf achten, dabei nicht mehr erwischt zu werden.

Die Wahrscheinlichkeit, dass zum Beispiel auf ein belohnend wirkendes Lob eine positive Reaktion erfolgt, ist enorm hoch. Umgekehrt löst ein bestrafend wirkender Vorwurf mit hoher Wahrscheinlichkeit einen Gegenvorwurf oder eine andere negative Reaktion aus. Das Verhängnisvolle an diesen Bestrafungen ist, dass sie schnell zur Gewohnheit werden können, bis kein Platz mehr für belohnende Äußerungen vorhanden ist. In solch einem Klima der gegenseitigen Bestrafungen hat die Partnerschaft auf Dauer keine Chance. Zwar gibt ein Partner dem Druck aus Kritik und Bestrafung durch den anderen vorerst in der Regel nach, wodurch die Kritik des Ersten eine aufrechterhaltende Verstärkung erfährt. Dies wird nun wieder vom anderen via Modell-Lernen übernommen. So gerät das Paar in eine gegenseitige aversive Kontrolle, die sich auf immer mehr Bereiche ausdehnt und schließlich in einen Zwangsprozess mündet.

Es ist nur zu verständlich, dass wir unsere Familienangehörigen – unseren Partner wie auch unsere Kinder – in die Richtung zu lenken versuchen, die uns am genehmsten ist. Ihre Vorzüge und guten Eigenschaften möchten wir natürlich auch in Zukunft genießen können. Die negativen Eigenschaften und Gewohnheiten, die uns stören, möchten wir am liebsten abschalten. Die Frage ist nur, wie wir das bewirken können. Idealerweise wäre eine Veränderung durch positive Verstärkung des adäquaten Verhaltens und durch Löschen (nicht durch Bestrafen!) des inadäquaten Verhaltens zu erreichen. Leider wird in vielen Partnerschaften und Familien vergessen, die anderen ab und zu zu belohnen. „Nicht geschimpft ist genug gelobt“ lautet die Devise. Kleine Aufmerksamkeiten, ein liebes Wort, zum Beispiel nicht nur stillschweigend und quasi „automatisch“ zu lieben, sondern es auch zu sagen, sind wenig aufwendige, dafür aber umso wichtigere Möglichkeiten der gegenseitigen Belohnung. Aber alles, was uns gefällt, alles, was wir einander Gutes tun, ist in Gefahr, schnell zur Selbstverständlichkeit zu werden, über die wir kein Wort des Lobes oder Dankes zu verlieren brauchen. Allerdings verliert dabei jede Art von Beziehung, denn sie lebt ja vom gegenseitigen, lebendigen Austausch. Ohne Belohnungen dagegen bleiben in der Kommunikation nach einiger Zeit nur noch die Bestrafungsmuster übrig, die sich auf vielfältige Weise einschleichen können.

So eine Bestrafung kann zum Beispiel schon mein langes Gesicht sein, das ich aufsetze, wenn mein Partner zu spät kommt, ein Wegschauen, wenn er sich eigentlich ein Lächeln oder einen Begrüßungskuss erwartet hätte, und so weiter. Alle diese nichtsprachlichen Zeichen können sehr beredt sein und bewusst oder unbewusst als Bestrafung eingesetzt werden.

Noch eindeutiger sind allerdings die sprachlichen Bestrafungsmöglichkeiten, über die wir nahezu unbegrenzt verfügen.

Im Zuge der ständig geforderten Aushandlungsprozesse schleichen sich bei den beteiligten Partnern häufig typische Kommunikationsfehler ein, die eine Verständigung erschweren oder gar verhindern. Zu nennen ist hier beispielsweise ein Rückzugsverhalten in Verallgemeinerungen („In einer modernen Ehe ist das nun mal so; da brauchst du gar nicht daran zu rütteln …“), mit dem der Partner „mundtot“ gemacht wird. Ebenso destruktiv wirken sich Vorwürfe aus („Du bist schuld daran, dass …“), die meist in Rechtfertigungen und Gegenargumente bis hin zum heftigen Schlagabtausch münden.

Ein oft zitiertes Beispiel für einen solchen „Aufschaukelungsprozess“ ist die Frau, die ihren Mann als zu wortkarg erlebt und ihn aus ihrer Frustration heraus mit anhaltendem Nörgeln bestraft. Der Mann dagegen bestraft seine nörgelnde Frau, indem er sich umso mehr zurückzieht, was bei der Frau wiederum noch heftigeres Nörgeln auslöst. Hier ist der Teufelskreis der gegenseitigen Bestrafungen bereits perfekt. Kein Wunder, dass in einer Beziehung, in der solche Mechanismen vorherrschen, auch eine anfänglich große gegenseitige Liebe und Zuneigung der beiden Partner langsam, aber sicher erlischt.

Bei einer offenen, förderlichen Kommunikation gibt es nicht nur ein Gleichgewicht bezüglich Belohnung und Bestrafung, sondern ganz eindeutig überwiegen die belohnenden Aussageelemente. Des Weiteren stimmen Inhalt und nonverbale Signale überein, was für eine gesunde Beziehung ungemein wichtig ist. Ein mit mürrischer Miene lau dahingesagtes „Ich liebe dich.“ wirkt zu Recht unglaubhaft und lässt beim Gegenüber alles andere als Freude aufkommen. Wahrgenommene Widersprüche zwischen Inhalt und nonverbaler Begleitung einer Aussage sollten möglichst gleich aufgegriffen werden („Du sagst das so mürrisch, was ist denn los?“), um einem offenen und echten Austausch wieder eine Chance zu geben.

Für das Wie einer Mitteilung sind eben auch die nonverbalen Signale in hohem Maße bedeutend, also Gestik, Gebärden, Mimik, Körperhaltung, Blickkontakt, Tonfall, Lautstärke und so weiter. Sie spiegeln zu einem Teil die eigene Persönlichkeit, zu einem anderen Teil die momentane Gefühlslage wider. Nonverbale Signale werden mehr oder weniger direkt wahrgenommen und interpretiert und bestimmen mit, wie Botschaften ankommen und welche Gefühle sie wiederum auslösen (vgl. Ekman, 2010).

Dass diese Mechanismen im Umgang miteinander nicht nur auf eine Paarbeziehung in der beschriebenen Weise einwirken, sondern genauso bedeutsam sind für den Austausch und das Zusammenleben zwischen Eltern und Kindern, sei hier noch einmal ausdrücklich betont.

Auf der Kippe: das Balancemodell von Gottman

Die Balancetheorie von Gottman (1994) stellt in vielerlei Hinsicht ein brauchbares Modell zur Erklärung von Beziehungsverläufen dar. Zum einen erweitert es lerntheoretische Zusammenhänge um kognitive und physiologische Aspekte, ohne dabei unübersichtlich zu werden. Zum Zweiten betont es die Wichtigkeit positiver Interaktionen in der Partnerschaft in Relation zu den zwangsläufig auch immer wieder auftretenden negativen Interaktionen, und zum Dritten hebt es den zentralen Stellenwert des Kommunikationsstiles der Partner für den Verlauf ihrer Beziehung hervor. Schließlich ergibt sich durch das Balancemodell auch die Notwendigkeit, möglichst früh negativen Interaktionen entgegenzusteuern, und zwar durch die Verbesserung der Paarkommunikation.

Eine Beziehung ist für Gottman dann ausbalanciert, wenn zwischen den Partnern ein positives Kommunikationsverhalten fünfmal häufiger ist als ein negatives. Tröstlich ist daran, dass ich im Umgang mit meinem Partner auch mal Fehler machen darf, wie zum Beispiel einmal nicht aufmerksam zuzuhören oder ihm einen Vorwurf zu machen, ohne damit gleich die Beziehung zu gefährden. Beunruhigend dabei könnte allerdings sein, dass ich, um einen „Ausrutscher" wieder wettzumachen, erheblich mehr Energie einsetzen, sprich mir einiges an Positivem einfallen lassen muss. Unangenehmes erregt leider mehr Aufmerksamkeit als Angenehmes und bleibt deshalb auch besser im Gedächtnis haften, sodass eine Kränkung normalerweise nicht durch ein Lob allein ausgeglichen werden kann.

Ganz unterschiedliche Paartypen können diese Balance schaffen und so auf Dauer ihre Beziehung als zufrieden erleben. Gottman unterscheidet dabei die konstruktiven (validators), die impulsiven (volatiles) und die vermeidenden (avoiders) Paare. Die konstruktiven Paare gehen auch im Konflikt fair miteinander um, gehen aufeinander ein und streben gemeinsame Konfliktlösungen an. Impulsive Paare können sich heftig und auch verletzend streiten. Allerdings finden sie auch wieder den Ausstieg aus solchen Eskalationen und gleichen diese mit fünfmal mehr Zuwendung und emotional positivem Umgang aus. Vermeidende Paare neigen dazu, Unstimmigkeiten in ihrer Beziehung geflissentlich zu übersehen. Dementsprechend müssen sie auch wenig Negatives ausgleichen. Der Preis, den sie allerdings für diese „friedliche" Partnerschaft bezahlen, ist eine gewisse emotionale Distanz.

Ganz anders sieht es bei zwei weiteren Paartypen aus, die im Laufe ihrer Beziehung ein gegenseitiges destruktives Kommunikationsverhalten entwickeln, das die Beziehungsqualität massiv beeinträchtigt und häufig zu Trennung und Scheidung führt. Gottman spricht bei diesem Verhalten deshalb von den vier apokalyptischen Reitern und versteht darunter Kritik, Verachtung, Abwehr und Abblocken.

Die Art und Weise, wie die beiden Partner miteinander kommunizieren, wird ihre Wahrnehmung in Bezug auf den Partner und die Partnerschaft massiv beeinflussen. Gottman geht hier von einem Entweder-oder aus. Entweder die Partner schaffen es, in einem Verhältnis von 5:1 positiv miteinander umzugehen, dann werden sie auch ihre Beziehung insgesamt positiv wahrnehmen. Sie werden sich wohl, sicher, geliebt, respektiert fühlen. Oder die Partner schaffen diese 5:1-Balance nicht, dann werden sie ihre Beziehung auch negativ wahrnehmen. Sie werden unter und an ihrem Partner leiden und sich dabei entweder als unschuldiges Opfer oder als zu Recht entrüstet und zur Vergeltung berechtigt wahrnehmen.

Ob wir unsere Partnerschaft positiv oder negativ wahrnehmen, hat wiederum großen Einfluss auf unsere Physiologie. Während eine glückliche Beziehung für den Körper Beruhigung und Entlastung schafft, bedeutet eine belastende Beziehung Dauerstress. Im negativen Sinne kann hier ein Teufelskreis oder besser eine sich schnell weiterentwickelnde Teufelsspirale entstehen. Unter Stress verengt sich nämlich unsere Wahrnehmungsfähigkeit. Wir können nicht mehr differenziert hinschauen, was schlecht und was gut am Partner ist, sondern verallgemeinern nur noch das Schlechte. Unsere Informationsverarbeitung ist erheblich reduziert. Und wir neigen im Stress zu altgelernten, einfachen Verhaltensweisen wie zum Beispiel Angriff oder Flucht, das heißt, wir können unter starkem Stress auch nicht mehr angemessen auf unseren Partner eingehen, beispielsweise offen mit ihm reden und gemeinsam über Konfliktlösungen nachdenken. Vielmehr greifen wir ihn aggressiv mit Vorwürfen an oder wir brechen den Kontakt ab bis hin zu einem völligen Abblocken.

Die Kommunikation wird also schlechter und schlechter und mit ihr verschlechtert sich auch beständig die Wahrnehmung der eigenen Beziehung. Dies erhöht wiederum den Stress und so weiter, und so weiter. Das wirklich Gefährliche für Beziehungen ist nun, dass die immer negativer werdenden Wahrnehmungen sich zu immer globaleren und stabileren Einstellungen und Bewertungen wandeln. Nicht nur mehr der momentane Streit oder die momentane Spannung wird negativ erlebt, sondern immer mehr die ganze Person des Partners und die gesamte Beziehung.

Viele Partner flüchten sich in dieser Phase in Distanz und meiden Kontakte zum anderen. Der letzte (kognitive) Schritt vor der Trennung / Scheidung ist nach Gottman dann eine Revision der gesamten Ehegeschichte unter extrem negativem Vorzeichen. Veranschaulicht wird dieser destruktive Prozess in der folgenden Grafik auf Seite 34.

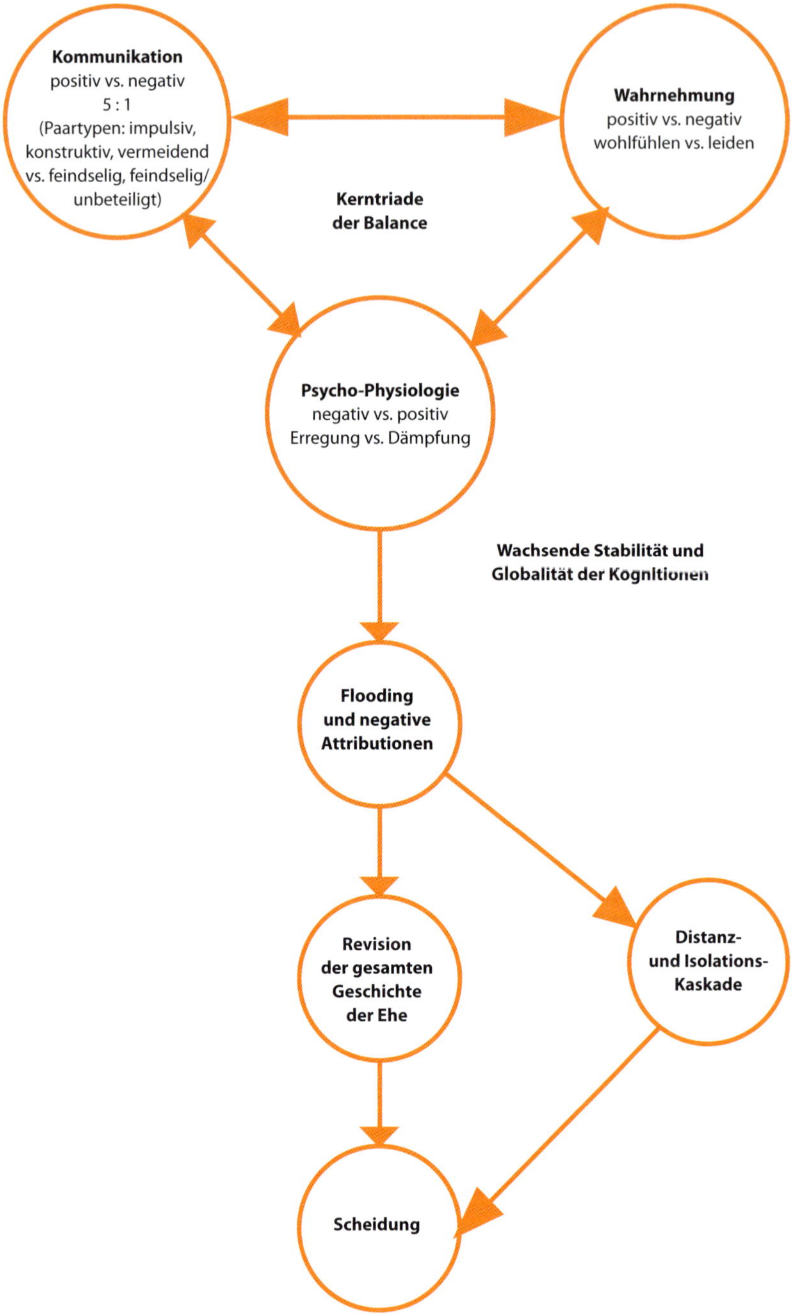

Abbildung 4 – 1: Die Balance-Theorie nach Gottmann (1994). Beziehung zwischen Verhalten, Wahrnehmung und Psychophysiologie sowie Anstieg der Globalität und Stabilität der Kognitionen auf dem Weg einer Partnerschaft zur Scheidung.

Wachsende Anforderungen an die partnerschaftliche Interaktion

Leicht hatten es Partner miteinander sicherlich noch nie. Heute sind Paare mit zusätzlichen Anforderungen konfrontiert. Das für unsere Zeit charakteristische Ideal der gleichberechtigten, partnerschaftlichen Liebe erfordert in einer sich schneller verändernden und komplexer werdenden Welt Flexibilität und Kompromissbereitschaft, um immer wieder einen Konsens zu finden und eine tragfähige Beziehungsrealität auszuhandeln. Gleichzeitig werden die Anforderungen an Kommunikationskompetenzen in Partnerschaft und Familie größer. Dies wird besonders bei Übergängen von einer Paar- oder Familienphase in die nächste, wie zum Beispiel der Geburt des ersten Kindes (vgl. Engl / Thurmaier, 1999), deutlich.

Eine Vorbereitung auf diese neuen Anforderungen, etwa durch Erlernen wichtiger partnerschaftlicher Verhaltensweisen durch Erziehung und Sozialisation, fand und findet nur selten statt, weil diese Verhaltensweisen von den früheren familialen Strukturen her nicht nötig waren und deshalb den meisten aus der Elterngeneration heutiger Paare kaum präsent sind.

Vieles spricht daher dafür, den Blick bewusst auf die Paarinteraktion und geeignete Interventionen zu deren Verbesserung zu richten, eine Aufgabe, der wir mit den von uns entwickelten Paarprogrammen gezielt nachgehen. Einen Überblick über diese Programme geben Engl und Thurmaier (2001a; 2001b; 2002; 2005).

2. Teil
Wie Sie die Kommunikation in Ihrer Partnerschaft verbessern können

5. Und wie steht's mit der Partnerschaft? Zwei Fragebögen

In vielen der genannten Studien wurden vorher aufwendig getestete Fragebögen eingesetzt, um das Konstrukt der partnerschaftlichen Zufriedenheit halbwegs objektiv zu erfassen. Hierzu stellen wir Ihnen sowohl den bekanntesten in Deutschland entwickelten Fragebogen als auch einen Bogen zur Erfassung der Problembelastung der Partnerschaft vor.

Partnerschaftsfragebogen (PFB)

Der PFB (Hahlweg, 1996) wurde in mehreren Studien mit über 1200 Personen zur differenziellen Einschätzung von Ehequalität entwickelt. Die Fragen wurden möglichst verhaltensnah formuliert. Der Partnerschaftsfragebogen besteht aus 30 Items, die drei Skalen zuzuordnen sind: Streitverhalten, Zärtlichkeit, Gemeinsamkeit / Kommunikation. Außerdem enthält der PFB eine Frage zur globalen Glückseinschätzung mit der Beziehung.

Partnerschaftsfragebogen

Im Folgenden sind eine Reihe von Verhaltensweisen aufgeführt, die möglicherweise in Ihrer Partnerschaft auftreten. Diese Verhaltensweisen können von Ihrem Partner oder von Ihnen beiden gezeigt werden. Kreuzen Sie bitte bei jeder Feststellung an, wie oft diese Verhaltensweisen in der letzten Zeit aufgetreten sind. Kreuzen Sie bitte die erste Antwort an, die Ihnen in den Sinn kommt. Denken Sie daran, jede Feststellung zu beantworten und bei jeder Feststellung nur eine Antwort anzukreuzen.

		nie/sehr selten	selten	oft	sehr oft
S	Er/sie wirft mir Fehler vor, die ich in der Vergangenheit gemacht habe	0	1	2	3
Z	Er/sie streichelt mich während des Vorspiels so, dass ich sexuell erregt werde	0	1	2	3
Z	Ich merke, dass er/sie mich körperlich attraktiv findet	0	1	2	3
Z	Er/sie sagt mir dass er/sie zufrieden ist, wenn er/sie mit mir zusammen ist	0	1	2	3
Z	Vor dem Einschlafen schmiegen wir uns im Bett aneinander	0	1	2	3
S	Er/sie bricht über eine Kleinigkeit einen Streit vom Zaun	0	1	2	3
G	Er/sie teilt mir seine/ihre Gedanken und Gefühle offen mit	0	1	2	3
S	Wenn wir uns streiten, beschimpft er/sie mich	0	1	2	3
Z	Er/sie reagiert positiv auf meine sexuellen Wünsche	0	1	2	3
G	Wir schmieden gemeinsam Zukunftspläne	0	1	2	3
G	Wenn er/sie etwas aus seiner/ihrer Arbeitswelt erzählt, so möchte er/sie meine Meinung dazu hören	0	1	2	3
G	Wir planen gemeinsam, wie wir das Wochenende verbringen wollen	0	1	2	3
Z	Er/sie berührt mich zärtlich, und ich empfinde es als angenehm	0	1	2	3
Z	Er/sie macht mir ein ernst gemeintes Kompliment über mein Aussehen	0	1	2	3
G	Er/sie bespricht Dinge aus seinem/ihrem Berufsleben mit mir	0	1	2	3
G	Er/sie bemüht sich, sich meine Wünsche zu merken, und erfüllt sie bei passender Gelegenheit	0	1	2	3
S	Er/sie kritisiert mich in einer sarkastischen Art und Weise	0	1	2	3
S	Er/sie äußert sich abfällig über eine von mir geäußerte Meinung	0	1	2	3
G	Wenn er/sie mich offensichtlich falsch behandelt hat, entschuldigt er/sie sich später bei mir	0	1	2	3
G	Wir unterhalten uns am Abend normalerweise mindestens eine halbe Stunde miteinander	0	1	2	3
S	Wenn wir uns streiten, können wir nie ein Ende finden	0	1	2	3
S	Er/sie gibt mir die Schuld, wenn etwas schief gegangen ist	0	1	2	3
Z	Er/sie nimmt mich in den Arm	0	1	2	3
S	Während eines Streits schreit er/sie mich an	0	1	2	3
G	Er/sie fragt mich abends, was ich den Tag über gemacht habe	0	1	2	3
S	Wenn wir uns streiten, verdreht er/sie meine Aussage ins Gegenteil	0	1	2	3
Z	Er/sie spricht mit mir über seine/ihre sexuellen Wünsche	0	1	2	3
Z	Er/sie streichelt mich zärtlich	0	1	2	3
G	Er/sie sagt mir, dass er/sie mich gerne hat	0	1	2	3
S	Er/sie schränkt mich in meiner persönlichen Freiheit ein	0	1	2	3

Wie glücklich würden Sie Ihre Partnerschaft im Augenblick einschätzen?

0 sehr unglücklich
1 unglücklich
2 eher unglücklich
3 eher glücklich
4 glücklich
5 sehr glücklich

Auswertung:
Addieren Sie die Punkte aller Fragen getrennt nach den nebenstehenden Buchstaben („Z", „G" und „S"), also für die Skalen „Zärtlichkeit/Sexualität", „Gemeinsamkeit/Kommunikation" und „Streitverhalten". Da es sich beim Streitverhalten um Negativpunkte handelt, müssen Sie die addierten Punkte umrechnen, indem Sie sie von der Zahl 30 abziehen. Beispiel: Haben Sie 11 Punkte zusammengezählt, dann notieren Sie 19 Punkte für die Skala Streitverhalten.

Zur Bildung des Gesamtwertes addieren Sie die Werte der Skalen wie folgt:

Punkte

Zärtlichkeit/Sexualität (Z):			…………
Gemeinsamkeit/Kommunikation (G)			…………
Streitverhalten (S) 30 minus	…………	=	…………
Gesamtwert (= Z + G + umgerechnetes S)			…………

Die Skala „Zärtlichkeit/Sexualität" bezieht sich auf den direkten Körperkontakt der Partner, wie den anderen in den Arm nehmen und streicheln. Außerdem auch auf Äußerungen über positive Gefühle, wie z. B. dem anderen sagen, dass er körperlich attraktiv ist oder mit ihm über sexuelle Wünsche sprechen.
Die Skala „Gemeinsamkeit/Kommunikation" beschreibt Aktivitäten, die von beiden Partnern gemeinsam ausgeführt werden und wo deren Verbundenheit im Vordergrund steht, z. B. gemeinsame Unternehmungen planen, sich die Wünsche des anderen merken und seine Meinung hören wollen.
In der Skala „Streitverhalten" sind Verhaltensweisen beschrieben, die vom Partner während eines Konflikts oder Streits gezeigt werden und nicht der Konfliktlösung dienen. Hierzu gehören z. B. den Partner anschreien, beschimpfen, seine Aussagen ins Gegenteil verkehren, beim Streit kein Ende finden können, sich abfällig über die Meinung des anderen äußern, dem anderen die Schuld geben, wenn etwas schief geht.

Mit 20 – 30 Punkten in den Skalen Zärtlichkeit/Sexualität und Gemeinsamkeit/Kommunikation sowie 25 – 30 Punkten in der wie oben zu berechnenden Skala Streitverhalten befinden Sie sich mit Ihrer Partnerschaft in einem sehr zufriedenen Bereich.

Einen Grund zum näheren Hinschauen, aber keinen Grund zur Sorge haben Sie, wenn Sie in einer der Skalen Zärtlichkeit/Sexualität oder Gemeinsamkeit/Kommunikation auf 13 – 19 Punkte oder in der Skala Streitverhalten auf 17 – 24 Punkte kommen und in den jeweils anderen Skalen nicht darunter liegen.
Ein Anlass, sich professionelle Hilfe zu holen, ist, wenn Sie in einer oder gar mehreren Skalen unter 13 Punkte (bei Streitverhalten unter 17 Punkte) rutschen.

Aus den Skalen des PFB lässt sich ein Gesamtwert bilden, der theoretisch zwischen 0 und 90 liegen kann. Der Wert 54 gilt als Grenzwert für eine als glücklich empfundene Paarbeziehung. Werte über 75 sind selten und meist nur bei Hochzeitspaaren zu verzeichnen.

Problemliste (PL)

Die „Problemliste“ (Hahlweg, 1996) wurde für Eingangsdiagnostik, Verlaufs- und Veränderungsmessung bei Paaren entwickelt. In ihr werden 23 verschiedene Bereiche des Zusammenlebens aufgeführt (siehe Kasten), in denen es zu Konflikten kommen kann. Sie wurde ebenfalls in der bislang größten deutschen Eheberatungsstudie eingesetzt (Klann / Hahlweg, 1994).

Die Partner geben an, ob es in diesen Bereichen zu Problemen kommt und ob sie darüber sprechen. Es stehen vier Antwortkategorien, nämlich 0 = „keine Konflikte“, 1 = „Konflikte, erfolgreiche Lösungen“, 2 = „Konflikte, keine Lösungen, oft Streit“ und 3 = „Konflikte, aber wir sprechen kaum darüber“ zur Auswahl. Die Anzahl aller ungelösten Konfliktbereiche wird als Ausdruck der Problembelastung gewertet.

Die Liste mit den verschiedenen Bereichen des Zusammenlebens wurde in mehreren Studien entwickelt. In Ehetherapie befindliche Personen gaben in der „Problemliste“ im Mittel sieben Bereiche als problematisch an (SD = 3), während mit der Beziehung zufriedene Partner im Mittel nur einen Bereich als problematisch einschätzten (Hahlweg et al., 1982). Diese Unterschiede zeigten sich auch in anderen Untersuchungen (Hank et al., 1990). Damit scheint eine ausreichende diskriminative Validität gegeben.

Die folgende Problemliste kann Ihnen als Übersicht dienen, von welchen potenziellen Problembereichen Ihre Partnerschaft derzeit betroffen oder nicht betroffen ist. Skalen oder einen Gesamtwert gibt es hier nicht zu berechnen. Wenn Sie den Eindruck haben, für ein oder mehrere Probleme keine befriedigenden Lösungen zu finden, hoffen wir, dass Ihnen die im weiteren Verlauf des Buches dargestellten Hinweise weiterhelfen. Bei gravierenden oder festgefahrenen Konflikten raten wir wiederum zu professioneller Hilfe.

Problemliste (PL)

In dieser Übersicht sind 23 verschiedene Bereiche des Zusammenlebens aufgeführt, in denen Konflikte entstehen können. Kreuzen Sie bitte an, ob und in welchem Ausmaß in Ihrer Beziehung Konflikte im jeweiligen Bereich bestehen und wie Sie vorwiegend mit diesen Konflikten umgehen.

0 = keine Konflikte
1 = Konflikte, erfolgreiche Lösungen
2 = Konflikte, keine Lösungen, oft Streit
3 = Konflikte, aber wir sprechen kaum darüber

1. Einteilung des monatlichen Einkommens	0	1	2	3
2. Berufstätigkeit	0	1	2	3
3. Haushaltsführung/Wohnung	0	1	2	3
4. Vorstellungen über Kindererziehung	0	1	2	3
5. Freizeitgestaltung	0	1	2	3
6. Freunde und Bekannte	0	1	2	3
7. Temperament des Partners	0	1	2	3
8. Zuwendung des Partners	0	1	2	3
9. Attraktivität	0	1	2	3
10. Vertrauen	0	1	2	3
11. Eifersucht	0	1	2	3
12. Gewährung persönlicher Freiheiten	0	1	2	3
13. Sexualität	0	1	2	3
14. Außereheliche Beziehungen	0	1	2	3
15. Verwandte	0	1	2	3
16. Persönliche Gewohnheiten des Partners	0	1	2	3
17. Kommunikation/gemeinsame Gespräche	0	1	2	3
18. Kinderwunsch/Familienplanung	0	1	2	3
19. Fehlende Akzeptanz/Unterstützung des Partners	0	1	2	3
20. Forderungen des Partners	0	1	2	3
21. Krankheiten/Behinderungen/psychische Störungen	0	1	2	3
22. Umgang mit Alkohol/Medikamenten/Drogen	0	1	2	3
23. Tätlichkeiten	0	1	2	3

6. Was bei der Problembewältigung hilft

Wenn man gezielt Hilfe anbieten will, sollte sich deren Konzeption an den therapeutischen Wirkfaktoren orientieren, die in der groß angelegten und richtungsweisenden Metaanalyse von Effektivitätsstudien zur Psychotherapie gefunden wurden (Grawe et al., 1994; Grawe, 1995).

Therapeutische Wirkvariablen nach Grawe

Klaus Grawe und seine Mitarbeiter ermittelten in dieser berühmten Studie insgesamt vier therapeutische Wirkfaktoren:

1. Ressourcenaktivierung
2. Problemaktualisierung
3. Aktive Hilfe zur Problembewältigung
4. Aufbau einer Klärungsperspektive

Diese vier Faktoren sollten auch in jeder psychologischen Beratungsarbeit enthalten sein. Wir versuchen diese vier Aspekte in unseren Programmen (siehe Kapitel 7) konsequent umzusetzen.

Ressourcenaktivierung
Patienten kann man besonders gut helfen, indem man an ihre positiven Möglichkeiten, Eigenarten, Fähigkeiten und Motivationen anknüpft; indem man die Art der Hilfe so gestaltet, dass der Patient sich in der Therapie auch in seinen Stärken und positiven Seiten erfahren kann. (Grawe 1995; 135)

Wahrscheinlich ist es kontraindiziert, Paare in therapeutischen Sitzungen immer wieder auf ihren problematischen Themen beharren zu lassen, es sei denn, diese Prozesse können im Kontext positiver Gefühle ablaufen. (Lebow, 2000, 47)

Nach Grawe (1995) hat sich eine Ressourcenaktivierung bei der therapeutischen Arbeit als einer der wichtigsten Wirkfaktoren erwiesen. So kann auch die Autonomie, Selbstverwirklichung und Eigendynamik von Paarbeziehungen gestützt werden. Statt Defizite hervorzuheben, gilt es, Ressourcen zu nutzen und Lösungen der vorgestellten Probleme zu ermöglichen.

Wie wichtig die Betonung positiver Elemente beim therapeutischen Vorgehen ist, macht auch eine Studie von Gottman und Levenson (1999) deutlich, aus der hervorgeht, dass negative Gedanken beim Erzählen der Beziehungsgeschichte eines Paares eine Vorhersagegröße für eine spätere Trennung sind. Paare hingegen, die ihren Partner und ihre Ehe in einem positiven Licht sehen, trennen sich weniger häufig voneinander. Die Kombination aus „Zuneigung und Bewunderung" stellt dabei natürlicherweise eine Art von Gegengift für Verachtung in der ehelichen Konfliktinteraktion dar.

Jellouschek (2000) ermittelte acht beziehungsstabilisierende Faktoren, die als mögliche Ressourcen in einer Partnerschaft herauszuarbeiten wären: Verliebtheit am Anfang der Beziehungsgeschichte, Ähnlichkeiten in vielen Lebensbereichen, Eigenständigkeit und Autonomie, ausgeglichenes Wechselspiel von Geben und Nehmen, Einfühlungsvermögen, Verhandeln und Kooperieren, das Positive sehen und schließlich gemeinsame Perspektiven und Visionen.

Bei unseren Programmen ist Ressourcenorientierung, die das „Commitment", also den Zusammenhalt der Partner stärkt, ein Leitmotiv.

Unsere Programme sollen in relativ kurzer Zeit relativ lang anhaltende Verbesserungen der kommunikativen Kompetenzen der Paare bewirken, um so die Qualität im Umgang der Partner miteinander und der Beziehung insgesamt zu erhöhen.

In unseren Programmen wird unserer Ansicht nach durch den Ausbau bereits vorhandener beziehungsweise durch den Aufbau fehlender kommunikativer Fertigkeiten die Autonomie der Teilnehmer gestärkt. Denn diese lässt sich nur dann leben, wenn die Partner über die nötigen Kompetenzen verfügen, ihre eigenen Vorstellungen wahrzunehmen und in die Beziehung einzubringen. Präventive und beraterische / therapeutische Maßnahmen für die Partnerschaft können Beziehungskrisen nicht verhindern und sollen dies auch gar nicht. Ziel kann nur sein, Paare auf solche Krisen flexibler einzustellen und ihnen Werkzeuge zur partnerschaftlichen Konfliktbewältigung an die Hand zu geben.

Problemaktualisierung

Nach dem „Prinzip der realen Erfahrung" muss alles, was verändert werden soll, real in der Therapie erlebt werden. Deshalb lassen sich Probleme am besten in einem Setting behandeln, in dem eben diese Probleme real erfahren werden (Grawe, 1995).

Unsere Programme (siehe Kapitel 7) fokussieren auf Gespräche mit dem eigenen Partner – sozusagen live – und nicht in einer verfremdeten Gruppensituation. Dies gewährleistet auch einen bestmöglichen Transfer.

Die Teilnehmer müssen anhand der sie bewegenden Themen spüren können, dass schon allein die Art und Weise, wie ein Konflikt zur Sprache kommt, wie Gefühle und Bedürfnisse mitgeteilt werden oder auch wie zugehört wird, das Erleben und Bewerten des Partners und der Beziehung mitbestimmen. Wenn im Kurs die Erfahrung gemacht wird, dass das gegenseitige Verständnis im gemeinsamen Austausch wächst, wachsen auch der Mut und die Lust, diese Erfahrungen in den Alltag zu übertragen. Die Partner sollen ihre individuellen Kommunikationsfehler, die ihnen natürlich auch nach dem Kurs immer wieder unterlaufen werden, rasch bemerken und sich für konstruktive Alternativen entscheiden können. Misslingende Gespräche aufgrund von eingeschliffenen ungünstigen Verhaltensmustern müssen nicht sein, sie machen jedes Problem nur doppelt so schwer und nicht mehr ansprechbar. Doch gerade die Angst vor dem Scheitern eines Gesprächs, zum Beispiel durch eine Kränkung, die man sich einhandelt, forciert oft vielfältige Kommunikationsfehler, die im Dienste eines vermeintlichen Selbstschutzes stehen. Schutz und Sicherheit werden im Training durch ein ebenso einfaches wie verbindliches Gerüst an Gesprächsregeln gegeben, für deren gelungene Anwendung die Trainer die bestmögliche Unterstützung geben müssen.

Aktive Hilfe zur Problembewältigung

Der Therapeut muss den Klienten mit geeigneten Maßnahmen aktiv unterstützen oder direkt dazu anleiten, mit einem bestimmten Problem besser fertig zu werden. Es geht für den Klienten um die unmittelbare Erfahrung, eine beklagte Schwierigkeit nun umgehen oder meistern zu können, sich besser gewappnet, sich nicht mehr so ausgeliefert zu fühlen wie zuvor (Grawe, 1995, 138).

In unseren Programmen erfolgt direkte Unterstützung und Anleitung in Form der Trainerinterventionen. Positive Alternativen zu Kommunikationsfehlern werden als Problembewältigung zur Verfügung gestellt.

Bewältigungskompetenzen für eine Vielzahl von stressinduzierenden Lebenssituationen in einer Partnerschaft zu verbessern heißt, sich nicht nur auf die Vermittlung von Kommunikationsfertigkeiten zu beschränken, sondern auch auf innere Vorgänge zu achten, die einen wohltuenden Austausch der Partner erschweren oder erleichtern können. Dies sind beispielsweise die Qualität des inneren Dialogs (wie ich mit mir selbst rede, so sage ich's auch dem Partner), Attributionsmuster (wer ist schuld, wenn etwas Unliebsames passiert?), emotionale Reaktionsmuster (da muss einem ja der Kragen platzen) oder das Erkennen- und Aktivierenkönnen von Ressourcen (ich weiß um meine und deine Stärken, auch wenn mal etwas schiefgeht). Diese und weitere Einflussfaktoren auf die Paarinteraktion versuchen wir im Programmablauf und in der Interventionsmethodik mitzuberücksichtigen.

Die Qualität der Paargespräche wirkt sich auf das individuelle Befinden aus – und umgekehrt. Emotion, Kognition und Kommunikation stehen in komplexer Wechselwirkung. Wenn Paare nun durch ein Training neue Kommunikationsfertigkeiten lernen, sind diese noch nicht automatisch verinnerlicht, auch wenn sie durch den unmittelbaren Erfolg spürbar werden und kognitive Restrukturierungen stattfinden. Gerade in Stresssituationen wird Mann oder Frau dann geneigt sein, auf früher gelerntes (oft ungünstiges) Interaktionsverhalten zurückzugreifen, dies umso eher, je länger sich die alten Muster schon einschleifen konnten. Auch darauf müssen Kommunikationsprogramme achten und gerade bei Paaren in länger bestehenden Beziehungen für noch mehr Übungs- und Transfermöglichkeiten sorgen. Dies wird so weit wie möglich berücksichtigt.

Klärungsperspektive

Bei der Klärungsperspektive geht es darum, „dass der Therapeut dem Klienten dabei hilft, sich über die Bedeutungen seines Erlebens und Verhaltens im Hinblick auf seine bewussten und unbewussten Ziele und Werte klarer zu werden … Warum empfindet, warum verhält sich der Klient so und nicht anders?" (Grawe, 1995, 138)

In unseren Programmen wird mehr Klarheit über sich, den Partner und die Beziehung durch die aktive Zuhörerrolle des Partners sowie durch die dem Gespräch vorausgehende Selbstreflexion erreicht, ergänzt durch Erklärungen der Trainer auf der Metaebene.

So kann das Erklären von speziellen Kommunikationsprozessen mittels einfacher Plausibilitätsmodelle unter Rückführung auf die Gesprächsregeln sinnvoll sein. Für den theoretischen Hintergrund der Trainer bieten wir in den Fortbildungen einige fundierte Modelle der Paarinteraktion an, die die Trainer ihrerseits in leicht verständlichen Formulierungen dem jeweiligen Paar als Erklärungshilfe anbieten können. Die kurzen und möglichst plausiblen Erklärungen und Anregungen, die die Kursleiter meist auf der Basis eines lerntheoretischen Verständnisses der Paarinteraktion bei Bedarf leisten, sollen den Transfer eines konstruktiven Gesprächsverhaltens in den Alltag erleichtern.

Prinzipien erfolgreicher Prävention

Neben den allgemeinen therapeutischen Wirkvariablen nach Klaus Grawe, wie wir sie im letzten Kapitel beschrieben haben, gibt es noch einige wesentliche Punkte, deren Berücksichtigung maßgeblich zum langfristigen Erfolg unserer präventiven Programme (siehe Kapitel 7: „Die Kommunikationstrainings EPL, KEK und KOMKOM“) beigetragen hat.

Gesicherte Grundlagen

Da wir keine Grundlagenforschung betreiben, sind wir auf bereits vorliegende fundierte Ergebnisse angewiesen, die sicherstellen, dass unsere Projekte keine Experimente darstellen, sondern schon vom Ansatz her Erfolg versprechend sind.

Erlernbarkeit

Unsere Angebote beziehen sich auf veränderbare – sprich hier erlernbare – Variablen. Wir können weder die Persönlichkeit der Partner noch deren soziales Umfeld verändern, aber wir können zum Erwerb und Ausbau förderlicher Fertigkeiten im Miteinander-Umgehen beitragen. Denn nicht nur fehlerhaftes Gesprächsverhalten ist erlernbar, sondern tröstlicherweise auch echte partnerschaftliche Kommunikation (Engl / Thurmaier, 2012; Thurmaier, 1997).

Früher Ansatz

Den Paaren sollen Fertigkeiten für die Bewältigung psychischer Probleme und zwischenmenschlicher Konflikte vermittelt werden – möglichst noch ehe sich negative Interaktionsmuster verfestigt haben und ein Umlernen immer schwieriger wird.

Unmittelbarer Lernerfolg

Partner müssen nicht nur einsehen, was sinnvoll ist und guttut, sie müssen es auch spüren können. Effektive Prophylaxe bedeutet Methoden einzusetzen, die es den Paaren ermöglichen, durch intensive Erfahrung und echtes Einüben einen unmittelbaren Nutzen zu erleben. Nur so kann man davon ausgehen, dass die vermittelten Inhalte auch dauerhaft gelernt werden und im Alltag Anwendung finden. Vorträge, gut gemeinte Anregungen und Denkanstöße, auch wenn sie noch so eingängig vermittelt werden, reichen für einen Lerntransfer nicht aus, da sie den Gewinn einer unmittelbaren Lernerfahrung nicht ersetzen können.

Die Kommunikationstrainings EPL, KEK und auch KOMKOM fokussieren auf Paararbeit und nicht auf Gruppenarbeit. In der Gruppe finden nur die Hinführung zu den Paarübungen und deren Auswertung statt. Durch die kontingente Begleitung der Kursleiter wird unmittelbar, also auch während der Gespräche mit dem eigenen Partner gelernt und nicht nur vorher oder nachher. Die Reduktion von komplexen Prozessen auf einfache Gesprächsregeln wie im EPL oder im KEK sorgt für eine schnell einsetzende Selbstkontrolle der Partner. Diese ist wiederum entscheidend für die lang anhaltende Transferwirkung.

Ökonomie

Grundprinzip unserer Kurse ist eine hohe Lernintensität und eine geringe Zeitextensität. Zeitlich überschaubare Angebote werden von den Paaren viel eher angenommen. Ein systematischer Aufbau und die Intensität der Maßnahmen sollen in relativ kurzer Zeit relativ große Lernerfolge für eine relativ lange Zeit ermöglichen. So können die Kosten der konzipierten Maßnahmen im Verhältnis zum nachweisbaren Nutzen sehr gering gehalten werden.

Überprüfung und Qualitätssicherung

Der Nutzen des Angebotes soll nachweisbar sein. Bei unseren Programmen bedeutet dies eine Überprüfung auf die Zielvariablen hin. Im Wesentlichen sind dies Kommunikationsqualität, Ehequalität und Ehestabilität. Die Kursleiter durchlaufen eine sorgfältige (Zusatz-)Ausbildung und sind zur Teilnahme an eigenen Supervisionsveranstaltungen verpflichtet.

Verbreitung

Ein weiteres Markenzeichen unserer Forschung besteht darin, dass wir von Anfang an auf eine möglichst große Verbreitung unserer Programme achten und deshalb die Organisationsstrukturen potenzieller Anbieter schon bei der Konzeption berücksichtigen.

7. Die Kommunikationstrainings EPL, KEK und KOMKOM

Zielgruppen, Settings und Befunde

- Bei EPL (Ein Partnerschaftliches Lernprogramm) (Thurmaier, Engl & Hahlweg, 1995) handelt es sich um ein Paarkommunikationstraining über 6 x 2 Stunden in unterschiedlicher „Verpackung“, zum Beispiel ein verlängertes Wochenende für je vier junge Paare.

- KEK (Konstruktive Ehe und Kommunikation) (Engl / Thurmaier, 1998) ist ein erweitertes Programm (unter anderem Selbstreflexionsübungen) über 7 x 3 Stunden an zwei Wochenenden für je vier Paare in mehrjähriger Beziehung mit darauf abgestimmten Rahmenthemen.

- KOMKOM (KOMmunikationsKOMpetenz – Training in der Paarberatung) (Engl / Thurmaier, 2003) ist ein auf EPL und KEK aufbauendes Programm über 8 x 2,5 Stunden, das im Einzel- oder im Gruppensetting für belastete Paare in mehrjähriger Beziehung angeboten wird. Während die präventiven Programme EPL und KEK überwiegend innerhalb der Erwachsenenbildung durchgeführt werden, wird das kurativ orientierte KOMKOM vornehmlich von Ehe-, Familien- und Lebensberatungsstellen angeboten.

Jeder Kurs wird von zwei sorgfältig ausgebildeten und supervidierten Trainern (meist eine Frau und ein Mann) geleitet. Jedes Paar trainiert räumlich getrennt von den anderen Paaren. Zusätzlich werden Auffrischungskurse angeboten.

EPL und KEK werden in fast allen Regionen Deutschlands und vereinzelt in zehn weiteren Staaten – meist von kirchlichen Trägern – angeboten. Noch nie haben ähnlich intensive präventive Hilfen im deutschsprachigen Raum eine so große Verbreitung erreicht. Dies wurde nicht zuletzt durch viele qualitätssichernde Maßnahmen und eine intensive und kontinuierliche Öffentlichkeitsarbeit erreicht. Die Programme erfreuen sich großer Resonanz in der Fachwelt und bei den Medien.

EPL und KEK (bislang etwa 1700 beziehungsweise 400 ausgebildete Trainer) gelten als ausgefeilte und höchst erfolgreiche präventive Angebote für den Erhalt des Beziehungsglücks. Das therapeutische Programm KOMKOM erfreut sich wachsender Verbreitung bei Ehe-, Familien- und Lebensberatern sowie Psychotherapeuten (bislang etwa 400 ausgebildete Trainer), von einem flächendeckenden Angebot kann hier jedoch noch keine Rede sein.

In groß angelegten wissenschaftlichen Projekten, die öffentlich gefördert wurden, konnten folgende Ergebnisse erzielt werden.

EPL

- langfristiger Lernerfolg im Gesprächsverhalten, stabilere Beziehungszufriedenheit, weit weniger Scheidungen als bei Kontrollgruppenpaaren mit oder ohne Intervention (Thurmaier et al., 1999).

Von den an der Studie teilnehmenden Paaren sowie von einer Vergleichsgruppe konnten über fünf Jahre hinweg Daten zum Verlauf der Kommunikationsgüte und der Beziehungszufriedenheit erhoben werden. Die Ergebnisse demonstrieren, dass die EPL-Paare hohe kurzfristige, aber auch ausgesprochen dauerhafte Lerneffekte in Form von konstruktiverer Kommunikation aufweisen, was sich in einer höheren Zufriedenheit und in wesentlich niedrigeren Trennungs- / Scheidungsraten im Vergleich zu den Paaren der Vergleichsgruppe niederschlägt (Scheidungsrate nach fünf Jahren bei EPL-Paaren 3,9 Prozent gegenüber 23,8 Prozent bei Paaren der Vergleichsgruppe).

Zuletzt veröffentlichte Kurt Hahlweg die Follow-up-Ergebnisse aus einer weiteren kontrollierten Langzeitstudie mit (eingangs unzufriedenen) Paaren nach elf Jahren (!): Auch nach so langer Zeit und bei der schwierigeren Klientel gab es (bei gleicher Ausgangslage) noch hochsignifikante Unterschiede. So war die Scheidungsrate bei Paaren mit EPL (27,5 Prozent) nach dieser Zeit nur gut halb so hoch wie bei Paaren ohne EPL (52,6 Prozent). Die EPL-Paare werteten das Gelernte immer noch als sehr nützlich (Hahlweg / Richter, 2010).

KEK

- Bereits zwei Wochen nach den Kursen Verbesserung von Kommunikations- und Beziehungsqualität, geringerer Problemdruck sowie weniger körperliche und seelische Beschwerden. Die erfreulichen Resultate bleiben auch längerfristig bestehen (Engl / Thurmaier, 2001).

In den subjektiven Maßen zur Beziehungszufriedenheit zeigte sich nach dem Training ein signifikanter bis hochsignifikanter Anstieg der Beziehungsqualität in der KEK-Gruppe, dies vor allem bei den anfangs unzufriedenen Paaren. Im Zuge dessen sank die Belastung der KEK-Teilnehmer mit ungelösten Problembereichen in der Partnerschaft deutlich ab. Ebenfalls verringerte sich das Maß an physischen und psychischen Allgemeinbeschwerden. Die erzielten Verbesserungen blieben über die nächsten eineinhalb und drei Jahre recht stabil. Auch die Kommunikationsqualität verbesserte sich bei den KEK-Paaren meist hochsignifikant. Auf verbaler Ebene zeigte sich dies im deutlichen Anstieg positiver und Absinken negativer Gesprächsanteile. Eine ähnliche Entwicklung fand sich im nonverbalen Bereich: KEK-Paare signalisierten einander nach dem Kurs in Mimik, Gestik und Tonfall sehr viel mehr Gesprächsbereitschaft als Kontrollpaare. Diese Lerneffekte blieben über eineinhalb Jahre und größtenteils auch über drei Jahre stabil.

KOMKOM

- Die anfangs noch hochbelasteten Paare waren nach dem KOMKOM-Training in allen erhobenen Bereichen deutlich und dauerhaft zufriedener, sodass von einer breiten und lang anhaltenden Wirksamkeit ausgegangen werden kann (Engl / Thurmaier, 2005).

Die Verbesserungen erstrecken sich auf die Kommunikationsqualität, die individuelle physische und psychische Befindlichkeit, die Problembelastung und ebenso auf verschiedene Beziehungsbereiche (zum Beispiel Gemeinsamkeit, Freizeitgestaltung, Sexualität). Auch die Zufriedenheit mit der Kindererziehung erhöht sich nach dem Kurs deutlich. Männer und Frauen profitieren gleichermaßen. Die Teilnehmer selbst sind hochzufrieden mit dem Programm, das die bislang besten Ergebnisse deutscher Eheberatungsstudien vorlegen konnte. Die Zufriedenheit der Teilnehmer mit dem Kurs betrug im Mittel 93 Prozent.

Das Programm KEK im Detail

Zielgruppe und Kursziele

Die Zielgruppe sind Paare ohne Therapieindikation ab zwei Jahren Ehe oder entsprechendem Zusammenleben (bei Nichtverheirateten).
Das Programm soll Paare dazu anregen,

- Möglichkeiten des partnerschaftlichen Gesprächs und Problem- / Konfliktlösungsmodelle in strukturierten Übungen kennenzulernen,
- die angenehmen Seiten des Partners wahrzunehmen und ansprechen zu können,
- eine gemeinsame Gesprächskultur zu entwickeln,
- sich über längerfristige Veränderungen auszutauschen und neue Ziele für die Partnerschaft zu formulieren; dabei wählen die Paare die für sie relevanten Themen selbst (zum Beispiel Sexualität, Wiedereintritt in die Berufstätigkeit),
- sich der Stärken der Beziehung bewusst zu werden.

Die sieben KEK-Kurseinheiten sind systematisch aufeinander aufgebaut, sodass die Paare Schritt für Schritt zum Kursziel hingeführt werden. So steht in den ersten drei Sitzungen das Vermitteln und Einüben der grundlegenden Kommunikations- und Problemlösefertigkeiten im Mittelpunkt.

Die Teilnehmer werden darauf aufmerksam gemacht, wie beispielsweise Beschuldigungen, Verallgemeinerungen, vorschnelle Interpretationen oder ungefragte Ratschläge das Gesprächs- und damit das Beziehungsklima beeinträchtigen – und wie durch eine ausgewogene Mischung der persönlichen und konkreten Mitteilung einerseits und dem Schenken von Aufmerksamkeit und Interesse für den Partner andererseits das gegenseitige Verständnis im Gespräch gefördert werden kann.

Die darauffolgenden vier Einheiten thematisieren das Äußern von angenehmen Gefühlen, die eigene Gesprächskultur und Veränderungen und Neuorientierungen in verschiedenen Bereichen der Partnerschaft sowie die Stärken der Beziehung.

- Die im KEK vermittelten Kommunikationskompetenzen verstehen sich nicht – wie fälschlicherweise von Außenstehenden oft angenommen – als bloßes Konfliktmanagement, sondern auch als Mittel, gezielt sowohl die Ressourcen der Partnerschaft anzukurbeln als auch in der vertieften Begegnung der thematischen Einheiten sowie der Selbstreflexionsübungen das „Commitment" im Sinne eines Zusammengehörigkeitsgefühls zu fördern.

Die Paarübungen erfolgen mit dem eigenen Partner und nehmen den größten Teil des Kurses ein. Jedes Paar hat für seine Gespräche einen eigenen Raum, in dem es ungestört ist. Das Erfolgsgeheimnis liegt in der unmittelbaren Gesprächsbegleitung durch die sorgfältig ausgebildeten und supervidierten Trainer. In der Großgruppe werden nur die im Paargespräch gesammelten Erfahrungen ausgetauscht und neue Informationen über die nächste Übung vermittelt.

Das KEK beinhaltet neben den Paargesprächen Selbstreflexionsübungen, zum Beispiel als Reflexion über eigenes Streitverhalten oder eigene Anteile an einem Problemthema, und Wahrnehmungsübungen, beispielsweise um nonverbale Stresszeichen am Partner richtig interpretieren zu lernen. Ebenso werden konstruktive Bewältigungsstrategien vermittelt, zum Beispiel als Veränderung des inneren Dialoges, und Erklärungen über psychologische Mechanismen in der Paarinteraktion gegeben, wie zum Beispiel „kommunikative Teufelskreise". Die Erfahrungen aus den durchgeführten KEK-Kursen zeigen, dass die Paare hervorragend mit dem Konzept zurechtkommen. Die Rückmeldungsbögen zeigen höchste Zufriedenheit mit dem Kurs, die Kursabbrecherrate ist nahe null.

Kursaufbau

Um den Paaren ausreichend Zeit für ihre Zweiergesprächsübungen zu geben und flexibel auf ihre jeweiligen Schwierigkeiten mit den Rahmenthemen eingehen zu können, besteht das Programm aus zwei Arbeitsblöcken.

Kursteil 1: drei Tage, Freitagabend bis Sonntagnachmittag
Vier Einheiten:

1. Einführung: Fehler und Möglichkeiten im Paargespräch
2. Unangenehme Gefühle äußern
3. Probleme lösen
4. Angenehme Gefühle äußern
   und Info über Kursteil 2

Zwischen Kursteil 1 und Kursteil 2 sollen nach Möglichkeit 2–3 Wochen liegen, damit die Paare Gelegenheit haben, mit dem bisher Gelernten erste Erfahrungen im Alltag zu machen.

Kursteil 2: zwei Tage, Freitagabend bis Samstagabend
Drei Einheiten:

5. Die eigene Gesprächskultur
6. Veränderung und Neuorientierung in der Partnerschaft
7. Stärken der Beziehung

Systematischer Aufbau der sieben KEK-Einheiten

1. Kursteil (1 – 4)

Vermitteln und Einüben der grundlegenden Kommunikationsfertigkeiten (1 – 4)

Einheit 1
Fehler und Möglichkeiten im Paargespräch

Einheit 2
Unangenehme Gefühle äußern

Einheit 3
Probleme lösen

Einheit 4
Angenehme Gefühle äußern

2. Kursteil (5 – 7)

Anwendung der erlernten Fertigkeiten an erweiterten Themenkreisen (5 – 7)

Einheit 5
Gemeinsame Gesprächskultur

Einheit 6
Veränderungen und Neuorientierungen

Einheit 7
Veränderungen und Neuorientierungen
Stärken der Beziehung

Einheit 1: „Fehler und Möglichkeiten im Paargespräch"
Mithilfe von überzeugend gestalteten Vorträgen, Videodemonstrationen und Rollenspielen sollen die Teilnehmer sensibilisiert werden, damit sie typische Kommunikationsfehler wie zum Beispiel Unterstellungen, Ausweichen, negatives Gedankenlesen erkennen und Einsicht in die negativen Konsequenzen solcher Fehler erlangen. Daraus werden elementare Gesprächsregeln für eine gelungene Verständigung im Paardialog erarbeitet und in einer zunächst noch sehr einfachen Gesprächsübung von den Paaren praktisch angewandt. Die Wechselseitigkeit sowohl destruktiver als auch konstruktiver Paarkommunikation und ihrer unmittelbaren Auswirkungen auf das Erleben der Beziehung und den eigenen inneren Dialog wird ebenfalls thematisiert.

Einheit 2: „Unangenehme Gefühle äußern"
Unangenehme Gefühle dem Partner gegenüber werden selten direkt und noch seltener in konstruktiver Weise geäußert, weil einerseits oft nur diffus bewusst ist, was stört, und andererseits die Fertigkeiten eines offenen und fairen Ansprechens nicht oder nur unzureichend gelernt wurden. Auf diese Weise kommen konflikthafte Gefühle eher indirekt und für den Partner missverständlich, wenn nicht gar verletzend zum Ausdruck. Dies geschieht verbal und nonverbal. Kurzvorträge und Videodemonstrationen werden zur Veranschaulichung eingesetzt.

Zunächst haben die Paare in zwei Rollenspielen Gelegenheit, mithilfe der besprochenen Kommunikationsregeln konstruktive Konfliktgespräche zu führen.

Als zweiter Schritt ist eine strukturierte Reflexionsübung zu einem von beiden Partnern ausgewählten eigenen Konfliktthema vorgesehen. Erleben und Verhalten in diesem Konfliktfall sollen dadurch in vielschichtiger Weise bewusster werden. Im anschließenden Austausch darüber wird die Wahrnehmung auch indirekter Signale aufseiten des Partners verbessert und so eine realistischere Einschätzung seiner Befindlichkeit erzielt.

Erst nach den Lernerfahrungen in den Rollenspielen und der unmittelbar vorbereitenden Reflexionsübung besprechen die Teilnehmer ihr Konfliktthema in einem ausführlichen Gespräch und klären dabei ihre Gefühle und Bedürfnisse.

Einheit 3: „Probleme lösen“

Probleme häufen sich erfahrungsgemäß mit der Dauer einer Partnerschaft. Wissenschaftlichen Erhebungen zufolge ist vor allem die Art und Weise, wie die beiden Partner damit umgehen, für den Verlauf der Partnerschaft von großer Bedeutung, nicht so sehr die bloße Existenz von Problemen. Üblicherweise wird beim Versuch, ein Problem zu lösen, die „Schuld“ des Partners und was er verändern sollte schneller und deutlicher gesehen als die eigenen Anteile und Möglichkeiten. Die eigentlichen Bedürfnisse sind zum Teil nicht klar. Das Gespräch ist oft mehr auf die Vergangenheit als auf die Zukunft gerichtet. Und selbst wenn Lösungsvorschläge geäußert werden und über diese sogar Einigkeit erzielt wird, fällt oft deren Konkretisierung und Umsetzung unter den Tisch. KEK-Paare sollen erfahren, dass es auch anders geht.

In einem Kurzvortrag und einer ausführlichen Übungsanleitung wird den Paaren ein allgemeiner konstruktiver Problemlöseprozess mit mehreren Einzelschritten vorgestellt. Anhand eines diesen Prozess skizzierenden Schemas versuchen die Paare, durch Reflexionsübungen vorbereitet und mithilfe der gelernten Kommunikationsfertigkeiten, ihr gewähltes Problem zu lösen.

Als Einstimmung zu dieser Einheit wurden die Teilnehmer bereits in der vorangegangenen Einheit aufgefordert, zunächst einzeln sowohl über möglichst konkrete Situationen als auch konkrete Verhaltensweisen des Partners, an denen eigene Partnerschaftsprobleme spürbar werden, mithilfe von strukturierten Arbeitsblättern zu reflektieren. Beide Partner sollten sich dann auf ein Thema einigen, das in einem ausführlichen Gespräch einer befriedigenden Lösung nähergebracht werden sollte. Dieses ausführliche Gespräch, in dem wechselseitig die mit diesem Thema verbundenen Gefühle, Gedanken und Bedürfnisse ausgetauscht wurden, bildete den Abschluss der 2. Einheit.

In einem weiteren Schritt werden nun in dieser Einheit, in einer Art Brainstorming mithilfe eines weiteren Reflexionsblattes, auf die Zukunft bezogene Lösungsmöglichkeiten gesammelt, wobei die eigenen Möglichkeiten zur Verhaltensänderung im Vordergrund stehen (was kann, was will ich ändern?).

Im anschließenden gemeinsamen Gespräch werden alle eingebrachten Vorschläge fair diskutiert, für beide Partner akzeptable Möglichkeiten ausgewählt und in möglichst konkrete Vereinbarungen umgesetzt.

Einheit 4: „Angenehme Gefühle äußern“

Laut zahlreichen Studien kommt es für die dauerhafte Stabilität der Ehezufriedenheit darauf an, dass es zwischen den Partnern wesentlich mehr positiven Austausch als negativen gibt. Das heißt, dass im partnerschaftlichen Umgang Zuneigung und Respekt so deutlich überwiegen, dass ein negativer Umgang, wie zum Beispiel abwertende Kritik oder Abblocken, nicht seine beziehungszerstörende Wirkung entfalten kann.

Ein wechselseitig positiver Umgang – nicht nur in Worten, sondern auch in Taten – erhält letztlich die Liebe und die Achtung voreinander – und die muss auch bei Auseinandersetzungen für beide Partner spürbar bleiben.

Nach den letzten beiden klärenden, aber anstrengenden KEK-Einheiten, in denen die Paare vorwiegend Unangenehmes in ihrer Beziehung thematisiert haben, soll das Augenmerk zum Abschluss des ersten Kursteils auf die angenehmen Seiten des Partners gerichtet werden – und auf die eigenen Möglichkeiten gegenseitiger Anregung und Verwöhnung.

Kleine Aufmerksamkeiten, Humor, ein liebes Wort, zum Beispiel den Partner nicht „nur“ zu lieben, sondern es ihm auch zu sagen, sind wenig aufwendige, dafür aber umso wichtigere Möglichkeiten der gegenseitigen Belohnung. Leider fällt das manchmal schwer oder gerät zunehmend in Vergessenheit. Was am Partner gefällt, kann schnell zur Gewohnheit werden und wird dadurch nicht mehr so leicht bemerkt und schon gar nicht mehr ausgesprochen.

Die Teilnehmer sollen in einer mehrstufigen Übung zunächst mittels einer Reflexionsübung überlegen, was ihnen alles an ihrem Partner gefällt (Verhaltensweisen, Eigenheiten, positive Erlebnisse mit ihm und so weiter) und anschließend darüber ins Gespräch kommen – möglichst konkret und möglichst auf das eigene Erleben bezogen.

So eingestimmt sammeln die Paare in einem weiteren Schritt ihre Einfälle zu den Themen „Was will ich dir Gutes tun?“ und „Was wünsche ich mir von dir?“ und setzen ihr Gespräch über diese Themen fort.

In der anschließenden Bewertungsrunde dieser ausführlichen Übung werden von den Kursleitern noch einige konkrete Anregungen gegeben, wie gegenseitige Zuneigung im partnerschaftlichen Alltag gefördert werden kann.

Einheit 5: „Gemeinsame Gesprächskultur"

Sich intensiv klärend, aber auch wohltuend über wichtige Themen der Beziehung auszutauschen und dabei den schützenden und unterstützenden Rahmen der Gesprächsregeln zu nutzen – diese Erfahrung sollten die Teilnehmer im vorangegangenen ersten Kursteil bereits gemacht haben.

Die häusliche Umsetzung des im Kurs Gelernten stößt jedoch leicht an Grenzen, wenn Paare sich nicht auch die Rahmenbedingungen für geglückte Gespräche in ihrem oft von vielen Aufgaben und Routinen beherrschten Alltag schaffen.

Diese Einheit soll den Schwung der in der Regel sehr positiven Kurserfahrungen aus dem ersten Teil nutzen und dabei in Anbetracht der ersten, vielleicht noch nicht vollständig geglückten Transferversuche Paare zur Etablierung einer individuellen Gesprächskultur anregen. Dafür eignet sich am besten die Auftaktsitzung des zweiten Kursteils:

Es soll hier verdeutlicht werden, dass die Übungszeit im Kurs niemals ausreicht, alle für die eigene Partnerschaft wichtigen Themen zu Ende zu besprechen. Und selbst wenn dem so wäre: Partnerschaften sind nichts Statisches, nichts Unveränderbares. Im Gegenteil: Lebendige Partnerschaften brauchen die Veränderung. Dementsprechend verändern sich auch die vordringlichen Themen und Probleme einer Beziehung. Das allerdings bedeutet, dass faire, offene Gespräche über alle die Beziehung betreffenden Inhalte eine „beziehungslange" Aufgabe für beide Partner sind. Das heißt, dass die Paargespräche während eines KEK-Kurses, so intensiv und erlebnisreich sie normalerweise auch ablaufen, nur ein Anstoß zum Einüben der Regeln und eine gute Möglichkeit für das Sammeln erster positiver Erfahrungen darstellen. Die nächste Aufgabe der beiden Partner besteht darin, die Gesprächsregeln, die sie als wirkungsvoll und positiv erlebt haben, auch bei sich zu Hause anzuwenden, ihnen eine Chance gegenüber den altgewohnten Kommunikationsfehlern einzuräumen und sie zumindest bei wichtigen Themen auch wirklich anzuwenden.

Hierzu gilt es, einen für beide Partner günstigen Rahmen außerhalb des Kurses zu schaffen. Nach einigen allgemeingültigen Anregungen durch die Kursleiter erhalten die Paare innerhalb dieser Einheit Gelegenheit – wiederum nach vorangegangener Selbstreflexion –, konkrete Voraussetzungen für ihre individuelle Gesprächskultur in einem ausführlichen Dialog zu formulieren. Dabei werden beispielsweise Inhalt, Dauer und Ort von Gesprächen diskutiert, ebenso wie gesprächserleichterndes oder -erschwerendes Verhalten der Partner.

Einheit 6: „Veränderungen in der Partnerschaft“

Durch unterschiedlichste Lebensereignisse und in Wechselwirkung dazu durch psychische Entwicklungen, die bei beiden Partnern auch unterschiedlich verlaufen können, sind Partnerschaften ständigen Veränderungen unterworfen. Je nach Lebensabschnitt können sich völlig neue Themen als zentral für die Beziehung herausstellen. Diese Veränderungen halten Partnerschaften lebendig, bergen aber auch die Gefahr in sich, dass notwendige Anpassungsleistungen unterbleiben oder zu spät in Angriff genommen werden.

Veränderungen sind dann besonders schwer zu thematisieren, wenn sie sich über einen langen Zeitraum ergeben haben, dann oft nur langsam bewusst werden und möglicherweise mit Enttäuschungen ursprünglicher Erwartungen, zum Beispiel auch an Tabuthemen wie die Sexualität, einhergehen.

Im Kurs werden die Teilnehmer von Anfang an für wichtige Beziehungsthemen sensibilisiert und manch eine Veränderung der Partnerschaft wurde in den bisherigen Paargesprächen bereits aufgegriffen. Durch die in der Regel positiven Erfahrungen der vorangegangenen Einheiten werden die Paare ermutigt, ganz bewusst über Veränderungen nachzudenken und sich mit diesen im Gespräch auseinanderzusetzen. Durch die strukturierte Reflexion und die bereits leichter anwendbaren Gesprächsfertigkeiten können auch komplexe und schwierige Themen angegangen werden. Der Mut zum „Hinschauen“ wächst. Auf der Basis einer gemeinsamen Bilanz (nicht etwa einer Abrechnung) für einen ausgewählten Bereich innerhalb der Beziehung sollen alte oder neue Ziele konkret formuliert werden.

Die Themen der Veränderung und Neuorientierung in einer Beziehung können dabei so vielfältig sein, dass im Kurs keine Vorgaben gemacht werden und vonseiten der Kursleiter nur Beispiele für erfahrungsgemäß wichtige Themen (beispielsweise Sexualität, Berufstätigkeit und Familie) gegeben werden.

Einheit 7: „Stärken der Beziehung“

Ziel der vorangegangenen Einheit war, Veränderungen der mehrjährigen Beziehung zu reflektieren und daraus mithilfe eines immer besser gelingenden Dialoges neue Orientierungen zu formulieren. Dies gelingt langfristig umso besser, je bewusster sich beide Partner der Ressourcen ihrer Beziehung sind. Viele Paare (auch Berater und Therapeuten) denken eher defizitorientiert. Sie fokussieren nur auf die Schwächen und Schwierigkeiten, die sich im Laufe der Beziehung zeigen, und verlieren dabei immer mehr die befriedigenden Bereiche der Partnerschaft aus den Augen. Wie schon in der vierten Einheit wird hier zum Abschluss des Kurses ein bewusster thematischer Akzent auf die Stärken der Beziehung gesetzt. Dies entspricht den Erkenntnissen der modernen Therapieforschung, die die Ressourcenorientierung als eine der wichtigsten Wirkvariablen der Psychotherapie belegen konnte.

Den Paaren wird in dieser Einheit (optional) durch eine Fantasieübung ein spielerischer Zugang zu dem Thema „Was hält uns zusammen?" eröffnet. In einer anschließenden Selbstreflexion denken die Partner über Fragen nach wie: „Was sind die Stärken unserer Beziehung?", „Was trägst du, was trage ich dazu bei?", „Welche Gemeinsamkeiten, welche Unterschiede tun mir gut?", „Wie spielt das zusammen?" und so weiter. Das anschließende Paargespräch über eben diese Themen bildet einen geeigneten Abschluss des gesamten Kurses. Dieses in der Regel tief greifende und angenehme Erlebnis fördert zusätzlich die Motivation, Gespräche über die Partnerschaft mithilfe des Gelernten lebendig und konstruktiv zu halten.

8. Zehn Regeln für Paargespräche

Letztlich gibt es eine Unzahl von Varianten, sich in der Paarkommunikation durch ein- oder gegenseitige Gesprächsfehler zu verheddern. Dies gilt auch für die so populären „typisch männlichen" und „typisch weiblichen" Kommunikationsstile, die angeblich für so viele Missverständnisse sorgen. Aber wie ist es – unabhängig von Geschlecht, Persönlichkeit und jeweiligem Thema – um Möglichkeiten bestellt, die ein Gespräch gelingen lassen, so wie es auch das Paar im Film in den konstruktiven Varianten zeigt (siehe DVD)?

Grundsätzlich gut – denn gottlob gibt es einige elementare Gesprächsregeln, mit deren Hilfe sich die ganze Vielfalt an Fehlern weitestgehend vermeiden lässt. Erfreulich ist dabei, dass Sie nicht ebenso viele Regeln beachten müssen, wie Ihnen Fehler unterlaufen können – lassen sich doch die wesentlichen Kommunikationsregeln auf eine überschaubare Zahl begrenzen.

So einfach die folgenden Gesprächsregeln klingen mögen, so wichtig ist es, sie tatsächlich als Paar einzuüben, um sie langsam zu verinnerlichen. Dazu soll Ihnen beiliegende DVD gezielte Hilfestellung geben. Nutzen Sie auch die Hilfen zur Gesprächsvorbereitung, die wir im Kapitel „Tipps zum Selbstgespräch" (Kapitel 9) aufgeführt haben. Damit können Sie beide schon im Vorfeld und in aller Ruhe, jeder für sich, überlegen, wie Sie Ihnen wichtige Konfliktthemen optimal ins Gespräch bringen.

Ausführliche Übungsgelegenheit unter Anleitung unserer speziell ausgebildeten Paarkommunikationstrainer können Sie in unseren Programmen EPL und KEK wahrnehmen (Kapitel 7).

Fertigkeiten der Sprecherrolle

1. Ich-Gebrauch

Sprechen Sie von Ihren eigenen Gedanken und Gefühlen. Kennzeichen dafür ist der Ich-Gebrauch. Alle Aussagen werden dadurch persönlicher. Äußerungen, die nur auf andere gerichtet sind (Du-Sätze), sind meist Vorwürfe oder Anklagen, die als Auslöser für Gegenangriffe oder Rechtfertigungen wirken.

2. Konkrete Situationen ansprechen

Sprechen Sie konkrete Situationen oder Anlässe an, sodass Verallgemeinerungen (zum Beispiel „immer“, „nie“) vermieden werden. Verallgemeinerungen rufen meist sofortigen Widerspruch hervor und lenken vom eigentlichen Inhalt der konkreten Situation völlig ab. Durch die Einhaltung dieser Regel werden Ihre Aussagen anschaulicher.

3. Konkretes Verhalten ansprechen

Sprechen Sie von konkretem Verhalten in bestimmten Situationen. Das macht Ihre Aussagen nachvollziehbarer und Sie vermeiden dadurch, Ihren Partner zu bewerten. Eine Unterstellung negativer Eigenschaften (zum Beispiel „typisch“, „unfähig“, „langweilig“, „nie aktiv“) ruft nur Widerspruch hervor. Trennen Sie in Ihren Aussagen das Verhalten, das Sie wahrnehmen, von den Gefühlen und Gedanken, die es bei Ihnen auslöst.

4. Beim Thema bleiben

Achten Sie darauf, nur auf solche Inhalte einzugehen, die für das von Ihnen gewählte Thema von Belang sind und Ihrem Partner klarer machen, was Ihr Anliegen ist. Sonst läuft das Gespräch Gefahr, völlig vom eigentlichen Thema abzukommen.

5. Sich öffnen

Öffnen Sie sich und beschreiben Sie, was in Ihnen vorgeht. Wenn Sie Ihre Gefühle und Bedürfnisse direkt äußern, lassen sich Anklagen und Vorwürfe vermeiden und Sie können sich viel leichter verständlich machen. Auch kann dadurch „negatives Gedankenlesen“ vermieden werden. Hierunter versteht man Äußerungen, die die Reaktionen des Partners vorwegnehmen, zum Beispiel: „Auf andere Art kann man ja nicht mit dir reden“ oder „Ich würde was unternehmen, aber du machst ja doch nicht mit“. Der Sprecher sichert sich damit schon im Voraus gegen eine mögliche Reaktion ab und riskiert damit eine selbsterfüllende Prophezeiung.

In Ihnen wichtigen Paargesprächen geht es also darum, dass Sie Ihre Mitteilungen möglichst persönlich und möglichst verständlich formulieren. Schaffen Sie sich dafür einen angenehmen Rahmen, in dem Sie sich wechselseitig Aufmerksamkeit schenken können. Lassen Sie sich Zeit, Sie müssen nicht alles auf einmal erzählen, geben Sie durch kurze Gesprächspausen auch Gelegenheit zum Nachfragen oder zur Rückmeldung. Wenn Sie merken, dass Ihnen unfreiwillig Vorwürfe über die Lippen kommen, ist das noch kein Beinbruch, wenn Sie dann aus einer Eskalation aussteigen. Geben Sie sich und Ihrem Partner eine zweite Chance, indem Sie beide Ihre Anliegen ganz bewusst nach den hier aufgeführten Gesprächsregeln formulieren.

Fertigkeiten der Zuhörerrolle

1. Aufnehmendes Zuhören

Zeigen Sie Ihrem Partner nonverbal (nichtsprachlich), dass Sie ihm zuhören und Interesse an seinen Äußerungen haben. Dies kann zum Beispiel durch unterstützende Gesten wie Nicken oder kurze Einwürfe wie „hm“, „aha“ geschehen. Wichtig ist neben dem Blickkontakt auch eine dem Partner zugewandte Körperhaltung. Ermutigungen, doch weiterzusprechen („Ich würde gern mehr darüber hören“), verstärken den Partner in seinem Erzählen.

2. Zusammenfassen

Melden Sie die wesentlichen Äußerungen des Sprechers möglichst in eigenen Worten zurück, um deutlich zu machen, dass Sie ihn verstanden haben. Fällt es Ihnen schwer, die Äußerungen in eigene Worte zu kleiden, sollten Sie vor wörtlichen Wiederholungen nicht zurückschrecken. Diese Regel unterstützt Sie beim Verstehen des Partners, deckt Missverständnisse auf und strukturiert das Gespräch.

3. Offene Fragen

Was Ihnen zum besseren Verständnis der Aussagen des Sprechers hilft, sollten Sie mit offenen Fragen in Erfahrung bringen, zum Beispiel: „Wie ging es dir dabei?", „Woran hast du das gemerkt?" – nicht: „Aber das musst du doch gemerkt haben, oder?" Offene Fragen ersparen Ihnen unnötige Interpretationen, vermitteln Ihrem Partner Interesse, nötigen ihn nicht zu Rechtfertigungen, sondern ermutigen ihn, sich tiefer auf das gewählte Thema einzulassen.

4. Lob für das Gesprächsverhalten

Faires Gesprächsverhalten ist nicht selbstverständlich. Loben Sie den Sprecher für offene und verständliche Äußerungen, damit dieser sich ermutigt fühlt (zum Beispiel: „Ich verstehe es jetzt viel besser, weil du mir das so klar und offen gesagt hast."). Natürlich kann auch der Sprecher gutes Zuhören des Partners loben.

5. Rückmeldung des ausgelösten Gefühls

Es gibt Situationen, in denen es Ihnen nicht möglich sein wird, mit Verständnis auf den Sprecher zu reagieren, etwa weil dessen Äußerungen Sie sehr aufgebracht haben. In einem solchen Fall sollten indirekte Aussagen vermieden werden, zum Beispiel: „Aber das stimmt doch gar nicht!" Stattdessen melden Sie besser Ihre eigenen Gefühle direkt zurück, zum Beispiel: „Ich bin völlig überrascht, dass du das so siehst." Genauso wichtig ist es, auch aufkommende positive Gefühle zurückzumelden, zum Beispiel: „Mich freut es, dass du dies mit mir gemeinsam machen willst."

Sie sehen, dass gutes Zuhören eine sehr aktive Aufgabe darstellt und die Zuhörerrolle mindestens ebenso wichtig für den Gesprächsverlauf ist wie die Sprecherrolle. Und vergessen Sie nicht, zuhören heißt noch lange nicht zustimmen. Deswegen ist es wichtig, Ihrem Partner Gehör zu schenken, auch und gerade, wenn Sie anderer Meinung sind. Durch eine ausgewogene Anwendung der Zuhörerregeln ermutigen Sie Ihren Gesprächspartner, aus sich herauszugehen. Sie signalisieren Aufmerksamkeit, zeigen, was Sie aufgenommen haben, und verleihen Ihrem Wunsch, Nichtverstandenes zu klären, und Ihrer Neugier, mehr zu erfahren, Ausdruck. Dadurch machen Sie sich wechselseitig einfühlbarer und vertiefen so ihre Beziehung.

9. Tipps für das Selbstgespräch

Wichtig ist es, sich vor dem Gespräch klar zu werden, wie Sie sich und Ihren Partner in einem Konfliktfall erleben, und dazu kann es hilfreich sein, wenn Sie Ihre Vorüberlegungen schriftlich festhalten. Dabei gilt, dass die Art und Weise, wie Sie in Gedanken einen Konflikt formulieren, entsprechende Auswirkungen auf Ihr Gesprächsverhalten hat. Unser Reflexionsblatt auf der nächsten Seite hilft Ihnen, auch bei den Vorüberlegungen fair, im Sinne der Kommunikationsregeln, mit sich und Ihrem Gegenüber umzugehen, damit Sie einen möglichst konstruktiven Einstieg in Ihr Konfliktgespräch finden.

Unangenehmes mitteilen

Wenn es Ihnen darum geht, einen Konflikt nicht nur anzusprechen, sondern sich gemeinsam auch Möglichkeiten zur Lösung und Erleichterung eines Beziehungsproblems zu erarbeiten, beachten Sie bitte die dazu empfohlenen Schritte im Kapitel 10 „Probleme richtig angehen".

Reflexionsblatt „Eigenes Konfliktthema“

- In welchen konkreten Situationen wird dieser Konflikt für mich spürbar? (Beispiele)

- Was nehme ich in der Konfliktsituation alles an mir wahr? (mein Verhalten, meine Gefühle, Körperempfindungen, bildhafte Vorstellungen / Überlegungen und Gedankengänge)

- Was nehme ich an dir wahr? (Welches konkrete Verhalten bemerke ich? = Was sagst du, was tust du und wie sieht das aus – zum Beispiel Tonfall, Ausdruck?)

- Was würde mir in solchen Situationen von dir helfen? (Welches konkrete Verhalten von dir wünsche ich mir?)

Angenehmes mitteilen

Beziehungsgespräche sollten sich keinesfalls auf Konflikte beschränken. Nur allzu leicht verliert man den Blick für die angenehmen Seiten der Beziehung und bringt diese dann immer seltener ins Gespräch. Deshalb ist es sinnvoll, auch von Zeit zu Zeit darüber nachzudenken. Welche konkreten Verhaltensweisen machen Ihren Partner für Sie besonders liebenswert? Was genau tut Ihnen gut, vermittelt Ihnen Anregung, Sicherheit, Vertrauen, bringt Sie zum Lachen und so weiter?

Es geht darum, dass Sie Ihr Augenmerk auch immer wieder ganz bewusst auf positive Seiten des Partners richten. Nur wenn Sie diese – auch nach vielleicht langer Zeit des Zusammenseins – noch wechselseitig wahrnehmen und mitteilen können, werden sie nicht zur Selbstverständlichkeit und können dadurch auch zusätzlich belebt werden.

Dabei ist es wichtig, auch die Möglichkeiten gegenseitiger Verwöhnung immer wieder anzukurbeln. Was könnten Sie selbst dazu beitragen? Was wünschen Sie sich von Ihrem Partner? Nutzen Sie hierzu das Reflexionsblatt auf der nächsten Seite und tauschen Sie sich ausführlich darüber aus.

Reflexionsblatt „Was tut mir gut an dir?“

- Was tut mir gut an dir? (Und welche Beispiele fallen mir dazu ein? Wie wirkt sich das aus – auf mein Verhalten, meine Gefühle, Gedanken und so weiter?)

Reflexionsblatt „Gegenseitige Verwöhnung“

- Was will ich dir Gutes tun?

- Was wünsche ich mir von dir?

10. Probleme richtig angehen

Wo zwei oder mehr Menschen zusammen sind, kommt es zwangsläufig hin und wieder zu Meinungsverschiedenheiten. Auslöser sind häufig unterschiedliche Bedürfnisse, die aber nicht immer klar mitgeteilt werden. Leicht kommt es dann zu wechselseitiger Kritik, damit zu mehr Trotz und weniger Entgegenkommen. Je länger man mit dem scheinbar unbelehrbaren Partner hadert, desto schwieriger wird es Probleme zu konkretisieren und den eigenen Anteil wahrzunehmen.

Es lohnt sich auf jeden Fall, Beziehungsprobleme früh anzugehen und ein wenig Zeit für ein faires und zielgerichtetes Vorgehen bei der Suche nach Lösungen oder Erleichterungen einzuschlagen.

Hierzu ein kleiner Sechs-Punkte-Plan:

1. **Punkt: Das Problem ansprechen**
   Einigen Sie sich mit Ihrem Partner auf ein Thema und beantworten Sie dann zunächst beide für sich die Fragen auf Seite 68.

   Führen Sie dann ein ausführliches Gespräch unter Beachtung der Sprecher und Zuhörerregeln (Kapitel 8). Wichtig ist, dass Sie die mit dem Problem verbundenen Gefühle und Bedürfnisse anhand von konkreten Situationen und Verhaltensweisen wechselseitig gut zum Ausdruck bringen konnten. Lassen Sie sich für diesen ersten Schritt viel Zeit und halten Sie am Ende das Thema des Konflikts kurz schriftlich fest.

2. **Punkt: Lösungsmöglichkeiten aufschreiben**
   Als nächsten Schritt können Sie – jeder für sich allein und am besten schriftlich – Möglichkeiten zur Lösung oder Erleichterung des Problems sammeln. Was könnten Sie selbst, was könnte Ihr Partner in Zukunft zu einer Lösung beitragen, was fällt Ihnen sonst noch an Möglichkeiten ein?

Schreiben Sie erst einmal alle Vorschläge auf, auch solche, die im ersten Moment ein wenig abwegig erscheinen. Denn oft sind es die ungewöhnlichen Gedanken, die neue Lösungsmöglichkeiten eröffnen. Jeder soll mindestens zwei Vorschläge machen. Kommentieren Sie sich bitte nicht, auch dann nicht, wenn Sie anschließend Ihre Lösungsmöglichkeiten einander gesammelt vortragen.

Dieser Punkt entspricht dem „Brainstorming" in Teams und Organisationen, wenn es darum geht, neue kreative Ideen zu finden.

3. **Punkt: Lösungsmöglichkeiten diskutieren**
   Diskutieren Sie jeden Vorschlag hinsichtlich seiner Vor- und Nachteile. Wie ginge es Ihnen, wenn Sie den jeweiligen Vorschlag umsetzen würden? Achten Sie dabei auf die Einhaltung der Kommunikationsregeln.

4. **Punkt: Beste Lösungsmöglichkeit auswählen**
   Wählen Sie nun die beste Lösungsmöglichkeit aus. Es kann auch sein, dass die beste Möglichkeit eine Mischung aus einigen Ihrer Vorschläge ist.

5. **Punkt: Schritte zur Umsetzung in die Tat**
   Überlegen Sie nun sämtliche Einzelschritte, wie Sie diese beste Lösungsmöglichkeit in die Tat umsetzen können, zum Beispiel die Lösung, öfter ins Kino zu gehen: Wer, mit wem, was, wann, wo, wie. Schreiben Sie jeden Einzelschritt auf. Je konkreter das gelingt, desto wahrscheinlicher ist die tatsächliche Umsetzung.

6. **Punkt: Überprüfung**
   Überprüfen Sie nach einiger Zeit, ob Sie die Einzelschritte von Punkt 5 eingehalten haben und ob sie zum Erfolg führten.

11. Die Partnerschaft im Blick behalten

Veränderungen und Neuorientierungen

Lebendige Paarbeziehungen ändern sich ständig. Seien es Erwartungen, gemeinsame Pläne, die Einstellung zueinander und so weiter. Verliebtheit wandelt sich vielleicht in ein Gefühl tiefer Zuneigung und gegenseitigen Vertrauens, die ständige Zunahme an gemeinsam Erlebtem lässt neue Erwartungen und Gefühle dem Partner gegenüber entstehen. Vielleicht wird dadurch auch die eine oder andere frühere Erwartung enttäuscht. Unzulänglichkeiten und Unterschiede werden spürbar – andererseits passt man sich auch aneinander an. Gegenseitige Unterstützung und Attraktion sind immer wieder Schwankungen unterworfen. Die gemeinsame Sexualität kann anders erlebt werden als früher. Das Bedürfnis nach Nähe oder Abstand kann immer wieder individuell wechseln, je nach den eigenen Entwicklungsschritten, in denen sich die Partner gerade befinden. Dazu kommen wichtige Lebensereignisse, die wiederum die gemeinsame Entwicklung der Beziehung prägen. Zum Beispiel bedeutet die Gründung einer Familie eine enorme Lebensumstellung und erfordert zahlreiche neue Absprachen und Kompromisse.

Jeder von Ihnen hat sicher schon einige der genannten oder auch ganz andere Veränderungen in seiner Partnerschaft erlebt. Und sicherlich ist nicht jedes Mal alles nach Wunsch gelaufen. So sehr diese Veränderungen für ein Paar, das auf lange Sicht zusammenbleibt, zum Leben gehören, so wichtig ist es, darüber im Gespräch zu bleiben. Nur im Kontakt mit den eigenen Bedürfnissen und Zielen und im Austausch darüber mit dem Partner lassen sich die für beide besten Wege finden, um neuen Herausforderungen zu begegnen.

Sprechen Sie zunächst kurz mit Ihrem Partner ab, über welches Thema Sie sich gern ausführlich unterhalten möchten. Füllen Sie dann in Ruhe das Reflexionsblatt „Veränderungen und Neuorientierungen“ auf der nächsten Seite aus und kommen Sie dann über die einzelnen Punkte ins Gespräch.

Reflexionsblatt „Veränderungen und Neuorientierungen"

- Welche Veränderungen habe ich (bezogen auf das gewählte Thema) bei mir festgestellt?

- Welche Veränderungen habe ich (bezogen auf das gewählte Thema) bei dir festgestellt?

- Wie habe ich das erlebt?

- Wie denke ich heute darüber?

- Wie möchte ich, dass du und ich uns weiterentwickeln (bezogen auf das gewählte Thema)?

Stärken der Beziehung

Sie haben vielleicht schon viel über Konflikte, auch über Enttäuschungen gesprochen, Sie haben sich womöglich erzählt, was Ihnen aneinander guttut, was Sie sich voneinander wünschen, was sich in Ihrer Partnerschaft verändert hat und wie diese sich weiterentwickeln soll. Darüber sollten Sie in ständigem Austausch sein. Dass Sie diesen Text lesen, zeigt, dass Sie sehr aneinander interessiert sind. Doch was bringt Sie eigentlich alles dazu? Was sind die Stärken Ihrer Beziehung, was hält Sie eigentlich so lange schon zusammen? Sie haben in der nächsten Übung Gelegenheit, über die Stärken dieser vielleicht in mehrfacher Hinsicht einmaligen Verbindung zu sprechen.

In dieser Übung geht es um Ihre ganz persönliche Geschichte als Paar und die Stärken Ihrer Beziehung. Vielleicht haben Sie vorher schon einmal gemeinsam in Fotoalben gestöbert und sich wichtige Momente Ihrer Partnerschaft wieder in Erinnerung gerufen. Es kann sehr lohnend sein, auch den gesamten Weg Ihrer Beziehung unter dem Gesichtspunkt Ihrer gemeinsamen Stärken ins Gespräch zu bringen, um Ihre individuellen Ressourcen als Paar für die Zukunft ganz bewusst zu nutzen.

Sie sollen die Gelegenheit erhalten, sich ausführlich nach den Gesprächsregeln über Fragen auszutauschen: „Was hat uns zusammengebracht und was hält uns zusammen?“, „Was tut uns gut aneinander?“, „Wie ergänzen wir uns, wie haben wir früher zusammengespielt, wie ist es heute?“ und so weiter.

Reflexionsblatt „Was hält uns zusammen?“

- Was sind die Stärken unserer Beziehung? Was trägst du, was trage ich dazu bei?

- Welche Gemeinsamkeiten, welche Unterschiede tun mir gut?
  Wie spielt das zusammen? Und so weiter.

3. Teil

Fehler und Möglichkeiten der Kommunikation in Szene gesetzt

12. Die interaktive DVD zur Paarkommunikation

Die beiliegende DVD (erstmals erschienen mit Begleitbroschüre: Engl / Thurmaier, 2010) greift die Inhalte aus unseren Programmen auf und ermöglicht eine niederschwellige Auseinandersetzung mit dem Thema Paarkommunikation. Damit sich Paare, deren Familiengründung schon einige Jahre zurückliegt, mit den Inhalten identifizieren können, wurden die Darsteller und die Szenerie entsprechend ausgewählt.

Im Anschluss an jede Szene werden jeweils drei verschiedene Umgangsweisen mit der jeweiligen Situation dargestellt. So werden zum Beispiel verletzende Streitigkeiten, Verschweigen oder Manipulationen und natürlich auch klar und fair geführte Paargespräche demonstriert. Die Konsequenzen dieser Verhaltensweisen werden verdeutlicht, Regeln und Tipps für gelungene Gespräche präsentiert.

Es geht um Klärung statt Kampf oder Flucht, um „Sich-einlassen-Können" statt „Eskalieren-Lassen" und es geht auch darum, immer wieder Positives am Partner zu beachten und auch zum Ausdruck zu bringen. Ein in dieser Hinsicht bewusster Umgang miteinander sorgt für einen schnelleren Ausstieg aus ungünstigen Entwicklungen und stärkt die gegenseitige Zuneigung.

Wir freuen uns, diese wichtigen Fertigkeiten nun auch über dieses neue Medium an den Mann und an die Frau bringen zu können. Die maßgebliche Projektförderung unserer DVD ist dem bayerischen Sozialministerium zu verdanken.

Die DVD kann vielfältig zum Einsatz kommen: Direkt bei den Paaren zu Hause, aber auch in Seminaren der Erwachsenenbildung sowie in Ehe- und Familienberatungsstellen.

Nutzung der DVD

In für Paare typischen Szenen wird gezeigt, wie schnell eine Stresssituation entstehen kann. Dagegen ist oft nichts zu machen. Aber wie es weitergeht, können die Partner selbst entscheiden – vorausgesetzt, sie erkennen überhaupt eigene Fehler und haben wichtige Gesprächsregeln gelernt. Unser Filmpaar (Susanne und Thomas) gerät in einige Situationen mit Konfliktpotenzial. Was dabei herauskommt, entscheidet sich aber erst durch das Verhalten der beiden.

Die DVD zeigt zu jeder der vier Ausgangssituationen drei sehr unterschiedliche Reaktionsvarianten, vereinfacht ausgedrückt: Kampf, Flucht oder Klärung. Wie es ihnen unmittelbar danach geht, sprechen Susanne und Thomas anschließend in die Kamera. Hier werden bereits erste Konsequenzen der vorangegangenen Reaktionen deutlich.

Danach werden die Szenen der jeweiligen Varianten noch einmal aufgerollt und detailliert kommentiert, sodass sowohl Fehler als auch konstruktive Möglichkeiten der Paarkommunikation genauer ersichtlich werden.

Wir empfehlen Ihnen folgendes Vorgehen:

Nehmen Sie sich mindestens eine halbe Stunde Zeit, in der Sie es sich vor dem Bildschirm ungestört gemütlich machen – am besten mit Ihrem Partner. Wählen Sie eine der vier Ausgangssituationen aus dem DVD-Hauptmenü aus (Szenendauer 1 – 4 Minuten) und spielen Sie diese mindestens einmal ab. Die DVD hält am Ende der Szene automatisch an. Ehe Sie weiterklicken, überlegen Sie kurz:

- Welche teilweise unterschiedlichen Gefühle und Bedürfnisse von Susanne und Thomas werden in der Szene spürbar?
- Wie würde es mir in einer solchen Situation gehen?
- Wie würde ich reagieren?

Zu allen drei Fragen empfehlen wir Ihnen, den jeweiligen Reflexionsbogen „Einschätzung der Ausgangslage“ zu verwenden.

Tauschen Sie sich mit Ihrem Partner darüber aus. Wählen Sie dann die erste Reaktionsvariante. Lassen Sie auch diese Szene kurz auf sich wirken und diskutieren Sie, welche Verhaltensweisen Ihnen bekannt vorkommen und wohin eine solche Reaktionsweise führt. Auch hierzu empfehlen wir, den jeweiligen Reflexionsbogen „Reaktionsvariante“ zu nutzen. Sehen Sie sich anschließend den dazugehörigen Kommentar an (Dauer 2 – 5 Minuten).

Verfahren Sie genauso mit den beiden weiteren Reaktionsvarianten. Überlegen Sie, welche der gezeigten Verhaltensweisen Sie von der positiven Variante „Klärung“ für sich übernehmen können. Lesen Sie hierzu auch das Kapitel 10.

Für das Abspielen einer der vier Szenen inklusive Ausgangssituation, drei Reaktionsvarianten und drei Kommentaren benötigen Sie ungefähr 20 Minuten, mit zwischenzeitlichen Gesprächen darüber mindestens eine halbe Stunde.

Die Darstellung der im Film gezeigten Gesprächsfehler sowie der konstruktiven Alternativen ist natürlich exemplarisch und verdichtet. In der Realität mag eine entsprechende Gesprächsentwicklung durchaus länger dauern. Hier wurden die Filmbeispiele zeitlich limitiert (ungefähr 3 Minuten / Variante).

Alle Kommentare auf der DVD können Sie hier nachlesen.

Wenn Sie noch Zeit haben, können Sie sich auf diese Weise noch einen weiteren Film vornehmen. Aber bitte nicht zu viel auf einmal. Wichtig ist, dass Sie genau registrieren, an welchen Stellen sich eine Auseinandersetzung destruktiv oder konstruktiv entwickelt. Was davon erkennen Sie bei sich selbst? Was könnten Sie in Zukunft verbessern? Tauschen Sie sich mit Ihrem Partner ausführlich darüber aus und sehen Sie sich zu passender Gelegenheit weitere Szenen an.

Im Modus „Ganzer Film" (im Untermenü) können Sie alle Szenen und Kommentare von jedem der vier Filme nacheinander ansehen und an beliebiger Stelle mit der Pause-Taste unterbrechen.

Wenn Sie eigene Gespräche mithilfe der Sprecher- und Zuhörerregeln (Kapitel 8, ab S. 63) führen möchten, nutzen Sie die Tipps im Buch (Kapitel 9, ab S. 67). Den größten Lernerfolg erzielen Sie natürlich, wenn Sie an einem der oben beschriebenen Trainings teilnehmen (siehe Kontaktadressen, S. 147).

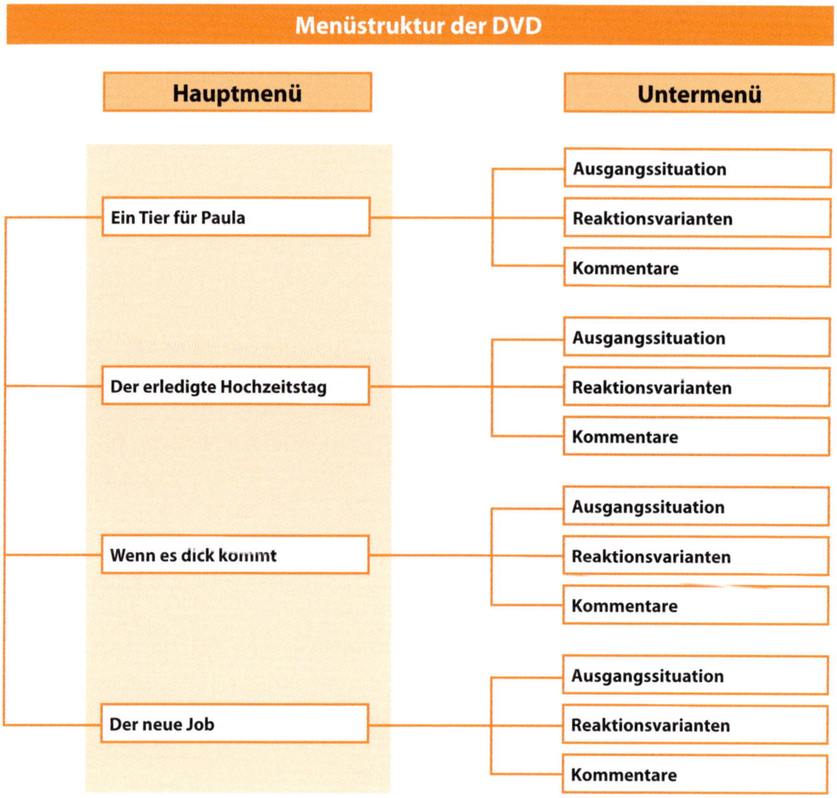
Menüstruktur der DVD
Hauptmenü
Untermenü
Ein Tier für Paula
Der erledigte Hochzeitstag
Wenn es dick kommt
Der neue Job
Ausgangssituation
Reaktionsvarianten
Kommentare
Ausgangssituation
Reaktionsvarianten
Kommentare
Ausgangssituation
Reaktionsvarianten
Kommentare
Ausgangssituation
Reaktionsvarianten
Kommentare

Bedienung der DVD

Diese DVD sollte auf Standard-DVD-Playern funktionieren. Bei jedem Einlegen startet die DVD mit einer kurzen Vorschau (Trailer). Diese kann mit der ENTER-Taste abgebrochen werden, um gleich ins Hauptmenü zu gelangen.

Für die Navigation durch die Menüs der DVD benutzen Sie das Steuerkreuz auf Ihrer Fernbedienung. Um einen Menüpunkt auszuwählen, drücken Sie die ENTER-Taste.

Während ein Film läuft, haben Sie folgende Möglichkeiten:

- PAUSE-Taste drücken, um den Film anzuhalten
- PLAY-Taste drücken, um den Film fortzusetzen
- << >>-Tasten drücken für einen schnellen Vor- oder Rücklauf des Filmes
- |<< >>|-SKIP-Tasten drücken, um entweder an den Anfang oder an das Ende des Filmes zu springen
- TITLE-Taste oder MENÜ-Taste führen Sie jederzeit zurück ins Hauptmenü

Die DVD-Familie

Susanne (39 Jahre), eine ehemals sehr begabte Schülerin, wollte ursprünglich studieren, aber das war nicht im Sinne ihrer Eltern. Sie wurde Versicherungskauffrau. Mit 27 Jahren heiratete sie Thomas, den sie kennenlernte, als er bei ihr seine erste Betriebshaftpflichtversicherung abschloss. Zwei Jahre später bekamen die beiden Tochter Paula (10 Jahre). Susanne gab einen vielversprechenden Job auf. Thomas widmete sich verstärkt seiner Firma. Wiederum zwei Jahre später wurde Sohn Michael (8 Jahre) geboren. Seit vier Jahren arbeitet Susanne wieder halbtags (teilweise von zu Hause aus) und möchte an ihre berufliche Karriere anknüpfen, das geht aber wohl nur mit Ganztagseinsatz.

Für Susanne steht eine neue Phase im Leben an, sie fühlt sich aber in der Klemme, ihre eigenen Wünsche nach Selbstverwirklichung mit ihrer Rolle als Ehefrau und Mutter zu realisieren. Ihre Ehe ist überlagert von der Alltagsbewältigung, es bleibt wenig Zeit füreinander.

Thomas (42 Jahre) ist Heizungs- und Lüftungsbauer mit eigener Firma (einem Mitarbeiter sowie seiner Mutter im Büro).

Thomas brach sein Bauingenieursstudium kurz nach Beginn ab, als sein Vater sehr früh verstarb. Er begann zu jobben, damit Geld hereinkam, und blieb relativ lange zu Hause bei der Mutter wohnen. Mit großem Einsatz machte er nebenbei seinen Meister als Heizungs- und Lüftungsbauer, immer mit dem Ziel, sich selbstständig zu machen. Als er dabei auch noch Susanne kennenlernte, ging alles einfacher. Sie schien ihm Flügel zu verleihen. Mit der Geburt von Tochter Paula war sein Glück perfekt.

Die vielen Aufgaben in Firma und Familie bringen ihn derzeit öfter an seine Grenzen.

Paarsituationen

I. Ein Tier für Paula

Ausgangssituation

Paula soll zum 10. Geburtstag einen Hasen bekommen. Sie und ihr jüngerer Bruder Michael stürmen schon freudig erregt aus dem Haus. Ehe sich die Eltern Susanne und Thomas anschicken, mit beiden Kindern und einem großen Laufstall zum Tierheim zu fahren, erinnert Susanne daran, dass ein Hase und nicht etwa ein anderes Tier geholt werden soll.

Im Tierheim bleibt Thomas auf dem Weg zu den Hasen aber erst mal bei einem besonders lieben Hund stehen. Spontan bittet er die Pflegerin um Zutritt zum Zwinger und geht mit den Kindern hinein, während Susanne davor wartet und schon ahnt, was kommt: Die Kinder und vor allem Thomas sind gleich ganz vernarrt in den Golden Retriever, während Susanne schon etwas missmutig andeutet, welch großer Aufwand mit einem großen Hund verbunden sei. Sie fürchtet, dass die Verantwortung und die Versorgung bei ihr hängen bleiben könnten. Während die Kinder und Thomas spontan ganz eins mit dem Hund sind, tut sich Susanne sichtlich schwer, noch Argumente dagegen anzuführen. Paula will von ihrem Taschengeld sogar die Hundesteuer bezahlen und Thomas? Der hört Susanne gar nicht mehr zu, er redet nur noch mit dem Hund. Obwohl Susanne riskiert, dass sie jetzt leicht in die Rolle der Spielverderberin gerät, erinnert sie nun mit Nachdruck an die Abmachung und drängt, gemeinsam zum Hasengehege zu gehen. Gerade noch mit dem Hund knuddelnd, blicken Thomas und die Kinder ganz enttäuscht auf.

Wie geht es weiter? Die Kinder sind vom Hund ebenso begeistert, wie sie es kurz vorher noch beim Gedanken an einen Hasen waren. Thomas scheint plötzlich Sehnsucht nach einem Hund zu entwickeln und Susanne, die sich nicht so viel aus Hunden macht, sieht für sich eher die Arbeit als das Vergnügen. Beide Eltern sind im Moment unter Stress, da die augenblicklichen Bedürfnisse gegeneinanderlaufen. Was werden die beiden daraus machen?

Einschätzung der Ausgangslage

Sehen Sie sich die Ausgangsszene in Ruhe an und versuchen Sie sich in die Personen hineinzuversetzen. Danach können Sie sich folgende Fragen stellen und sich hierzu Notizen machen:

- Welche äußeren Umstände und welche Verhaltensweisen der Beteiligten trugen zu dieser Stresssituation bei?

- Wie würde es mir gehen? (spontane Gedanken, Gefühle, Bedürfnisse)

  … anstelle von Susanne

  … anstelle von Thomas

  … anstelle der Kinder

- Wie würde ich spontan reagieren?

  … anstelle von Susanne

  … anstelle von Thomas

a) Eskalation: „Wie Hund und Katz"

Thomas versucht Susannes Appell an die Abmachung erst einmal mit einem unwirschen Vorwurf zurückzuweisen („Du siehst doch, wie die Kinder den Hund mögen. Die Hasen können ja noch warten."). Damit versteckt er seine spontane Begeisterung für den Hund hinter der der Kinder. Susanne wiederum bezieht sich auch nicht auf ihre persönlichen Interessen, sondern wirft Thomas Vertragsbruch vor („… und du musst dich an keine Abmachung halten. So läuft das nicht!"). Thomas fährt nun eine Spur aggressiver fort, Susanne als verständnislose und egoistische Mutter darzustellen, während er sich als Anwalt der Kinder ausgibt („Musst du immer gleich hochgehen, wenn es nicht nach deiner Nase läuft? Überleg doch mal, wie viel mehr Spaß die Kinder mit einem Hund hätten?").

Auch Susanne verfestigt sich in ihrer Strategie, nämlich Thomas für unzuverlässig zu erklären („Darum geht es überhaupt nicht. Aber man muss sich auch mal auf etwas verlassen können …") und greift ihn in ihrer Retourkutsche in seiner väterlichen Verantwortung an („… außerdem, was soll diese Diskussion vor den Kindern?!"). Die Angst vor der wachsenden Aggression ihrer Eltern steht den Kindern schon ins Gesicht geschrieben, als Thomas – noch eine Spur lauter – sich zum Alleinverwalter der Familieninteressen erklärt und gleichzeitig Susanne mit einer dicken Verallgemeinerung abwertet („Ich sag' ja nur, was für uns alle besser wäre, aber du reitest immer nur auf deinen Prinzipien herum."). Susanne, mittlerweile schon fast verzweifelt, führt in drastischen Worten die Nachteile an, die ihr Thomas – wie es so seine Art sei – diesmal mit einem Hund zuzumuten gedenkt („Hast du dir mal überlegt, wie viel Zeit so ein Hund braucht, was der kostet und was der für einen Dreck macht? Und an wem bleibt's hängen? An mir, wie immer!"). Damit stellt sich Susanne frühzeitig als Opfer dar. Hier hätte Thomas vielleicht noch aufhorchen können, aber er beansprucht selbst die gesichtswahrende Opferrolle, indem er Susanne mit allgemeinen Unterstellungen noch massiver angreift („Was die Kinder wollen oder was ich will, das interessiert dich doch gar nicht. Ich habe bei dir immer nur Ja und Amen zu sagen!"). Auch Susanne fängt nun an zu schreien, die Kinder weinen mittlerweile. Die Tierpflegerin sorgt sich um ihren Hund und schickt die Familie weg.

Diese Eskalation aus falsch verstandenen Verteidigungsstrategien wirkt noch heftig nach. Sogar Thomas' alter Sprachfehler, das Lispeln, bricht in der Erregung wieder durch. Thomas sieht sich nun tatsächlich als Opfer seiner Frau, die er in einem anderen und vor allem ungünstigen Licht sieht („Es geht immer nur auf meine Kosten. Und tierlieb ist sie auch nicht … Was ist nur aus ihr geworden?"). Umgekehrt ist für Susanne klar, dass es Thomas ist, der die Ehe gefährdet („Ich interessiere ihn nicht die Bohne. So kommt unsere ganze Ehe auf den Hund.").

Resümee

Indem hier jeder das Recht für sich beansprucht und eigene Bedürfnisse und Befürchtungen hinter scheinbaren Appellen an die Vernunft versteckt, kommt es auch schnell zu verletzenden Abwertungen und Unterstellungen. Dieser Streit hat nicht nur den Eltern, sondern auch ihren Kindern wehgetan. Beide Partner sehen sich als Opfer und den jeweils anderen als Täter. In einem solchen Klima fühlen sich besonders die Kinder unter Druck, die Versöhnung ihrer Eltern einzuleiten. Doch damit sind sie völlig überfordert, sie haben Angst. Erst müssen die Eltern lernen, Eskalationen zu vermeiden und aufeinander einzugehen – auch als Modell für die Kinder und um ihnen Mut zu machen.

Reflexion der Reaktionsvariante

Ehe Sie sich den Kommentar zu dieser Reaktionsvariante ansehen – überlegen Sie selbst:

- Welche Verhaltensweisen von Susanne und Thomas sind mir aufgefallen? (Zum Beispiel: Was wird mitgeteilt, auf welche Weise kommt das zum Ausdruck, was wird gegebenenfalls verschwiegen?)

- Was hat das für Konsequenzen?
(Direkt auf den Gesprächsverlauf und auf die Stimmung danach.)

- Gibt es in dieser Reaktionsvariante Verhaltensweisen der Partner, …

… die ich von mir selbst kenne?

… die ich von meinem Partner kenne?

- Was könnte ich gegebenenfalls anders machen?

- Was würde ich mir gegebenenfalls von meinem Partner anders wünschen?

b) Manipulieren und Abwiegeln: „Nur für die Katz"

Um Thomas von einer spontanen Entscheidung für den Hund abzubringen, verweist Susanne auf den Zeitdruck und bringt beiläufig die Hasen wieder ins Spiel („In einer Stunde kommt deine Mutter zum Kaffee. Wir sollten uns jetzt beeilen, um zu den Hasen zu kommen."). Als sie Thomas damit noch nicht erreicht, versucht Susanne ihn bei seinem Gewissen zu packen: Erst macht sie sich selbst zum scheinbar fürsorglichen Anwalt des Hundes, indem sie eindringlich erklärt („Die sind wie kleine Kinder. Hunde brauchen sehr viel Aufmerksamkeit und eine feste Bezugsperson, die immer für sie da ist.") und dann ergänzt („Wenn die das nicht kriegen, dann leiden die buchstäblich wie ein Hund.").

Als Thomas betroffen aufschaut, fährt Susanne gleich mit wissendem Blick fort („Kannst du das verantworten?"). Diese fast beiläufig gestellte Suggestivfrage wirkt bei Thomas sichtlich nach. Als Thomas nur noch hilflos stöhnt, besiegelt Susanne rasch die Angelegenheit mit einem („Na also.") und zieht den sich geschlagen gebenden Thomas („Ich wünschte, ich wäre immer so vernünftig wie du.") und die verunsicherten Kinder zu den Hasen. Ohne auf ihre traurig dreinblickende Tochter einzugehen, verkauft Susanne jetzt vehement die ihr genehme Lösung als die beste für Paula („Die Mümmelmänner sind total kuschelig und kosten dich auch nicht dein Taschengeld."). Susanne simuliert Begeisterung für die Hasen, bietet auch noch Michael einen an („Guck mal den Schwarz-Weißen, der ist bestimmt richtig schmusig. Was haltet ihr davon, wenn wir beide nehmen, dann hat jeder von euch einen Hasen.") und ignoriert dabei die traurigen Blicke der Kinder.

Thomas versucht abzulenken, indem er das Thema wechselt („Sag mal Michael, wann hast du denn morgen Fußballtraining?"), aber Susanne will jetzt eine Entscheidung in ihrem Sinne unter Dach und Fach bringen („Sorry, dass ich unterbreche, aber nehmen wir jetzt die beiden Hasen?"). Thomas entzieht sich („Ach, entscheide du das doch mit Paula."), woraufhin Susanne nun ihrerseits genervt mit einem weiteren Vorschlag von der gequälten Stimmung ablenkt („Lasst uns noch schnell die Katzen anschauen."). Die Familie leistet Susanne wiederum lustlos Folge und trottet ihr hinterher.

Resümee

Thomas fühlt sich nach dieser Szene völlig unverstanden. Er hätte erwartet, dass Susanne beim Thema Hund spontan so fühlt wie er („Warum merkt sie nicht, wie viel Freude uns allen so ein Hund machen würde? Das war ganz offensichtlich, da muss ich doch nichts mehr sagen. Aber ihr geht es immer nur um die Vernunft."). Das Nichtansprechen von eigenen Gefühlen und Bedürfnissen und darüber hinaus die stillschweigende Annahme, dass der Partner auch ohne Worte Bescheid weiß, ja sogar genauso empfinden müsste, hat zur Folge, dass damit das Risiko der Entfremdung steigt.

Wenn Thomas seine Wünsche nicht kundtut, übernimmt Susanne das für ihn. Sie hat sich in dieser Szene mit ein wenig Ablenkung und Manipulation im scheinbaren Dienst der Vernunft schnell durchgesetzt. Das stärkt Susanne wiederum in der Annahme, in Konfliktfällen Thomas nicht ernst zu nehmen, ja ihn besser gar nicht mitentscheiden zu lassen („Er denkt null an die Konsequenzen. Ab und zu sollte er auch ein bisschen überlegen! Aber wie soll ich ihm das jemals beibringen?"). Unter dem Deckmantel der Vernunft kann Susanne ihre persönlichen Bedürfnisse und Befürchtungen mit keinem Wort zum Ausdruck bringen. In diesem Klima des Sich-nur-indirekt-Mitteilens lernen auch die Kinder nicht auszusprechen, wie ihnen gerade zumute ist, sondern machen nur ein resigniertes Gesicht.

Reflexion der Reaktionsvariante

Ehe Sie sich den Kommentar zu dieser Reaktionsvariante ansehen – überlegen Sie selbst:

- Welche Verhaltensweisen von Susanne und Thomas sind mir aufgefallen? (Zum Beispiel: Was wird mitgeteilt, auf welche Weise kommt das zum Ausdruck, was wird gegebenenfalls verschwiegen?)

- Was hat das für Konsequenzen? (Direkt auf den Gesprächsverlauf und auf die Stimmung danach.)

- Gibt es in dieser Reaktionsvariante Verhaltensweisen der Partner, …

  … die ich von mir selbst kenne?

  … die ich von meinem Partner kenne?

- Was könnte ich gegebenenfalls anders machen?

- Was würde ich mir gegebenenfalls von meinem Partner anders wünschen?

c) Klärung: „Nicht auf den Hund kommen"

Beide Eltern verständigen sich darauf, diese Situation unter sich zu klären, während Paula und Michael eine kleine Brotzeit einlegen.

Susanne beginnt von sich und ihren persönlichen Bedenken zu sprechen („Ich finde, ein Hund fordert viel Verantwortung, und damit tue ich mich schwer. Außerdem frage ich mich, was mit unserer Abmachung ist."). Thomas hört aufmerksam zu, fasst Susannes Aussage zusammen und teilt seinerseits mit, was ihn gerade bewegt hat („Aber als ich so vor dem Zwinger stand, da hat mich das total an meine Kindheit erinnert. Ich würde so gerne wieder einen kleinen Benno haben."). Susanne geht liebevoll darauf ein und konkretisiert jedoch ihre Sorge, allein für den Hund zuständig sein zu müssen („Die Kinder sind noch zu klein, um die Verantwortung zu übernehmen, und du bist tagsüber nicht da. Ich mag einfach nicht noch mehr angebunden sein."). Thomas macht klar, dass er Susanne nicht zusätzlich belasten will, und spricht an, was er sich eigentlich mit dem Hund gedacht hat („Ich wollte dir jetzt nicht 'nen Hund ans Bein binden, ich dachte eher an mich. Ich hab' so viel Stress. Mit 'nem Hund könnte ich abends noch mal eine Runde ums Haus gehen.").

Sowohl Susanne als auch Thomas haben sich gegenseitig in aller Ruhe ihre durchaus unterschiedlichen Positionen zum Thema mitgeteilt und sind wechselseitig aufeinander eingegangen. Weil Susanne weiß, dass eine Entscheidung mit so langfristigen Folgen nicht kurzfristig getroffen werden sollte, macht sie zunächst einen Kompromissvorschlag. Sie kommt dabei auf die Idee einer Probephase („Ich mach dir 'nen Vorschlag: Die Hubers von nebenan fahren in Urlaub und wissen nicht wohin mit ihrem Dackel. Was hältst du davon, wenn wir ihn für die zwei Wochen nehmen? Dann sehen wir ja, wie es mit 'nem Hund läuft, und die Kinder kennen den Wasti ja schon."). Thomas stimmt humorvoll zu und schickt sich an, gemeinsam mit Susanne die Kinder zu informieren.

Resümee
Indem beide ihre durchaus unterschiedlichen Gefühle und Bedürfnisse benannt haben und umgekehrt verständnisvoll aufeinander eingegangen sind, haben sie sich auch besser kennengelernt („Wie sehr sich Thomas einen Hund wünscht, war mir neu."). Trotz der kontroversen Ausgangssituation bleibt damit die Atmosphäre entspannt. Und so lassen sich auch leichter Lösungsvorschläge und Kompromisse finden („Ohne Stress kommen die besten Ideen."). Alltagskonflikte können so leichter gelöst werden und die Stimmung kommt dabei nicht auf den Hund.

Reflexion der Reaktionsvariante

Ehe Sie sich den Kommentar zu dieser Reaktionsvariante ansehen – überlegen Sie selbst:

- Welche Verhaltensweisen von Susanne und Thomas sind mir aufgefallen? (Zum Beispiel: Was wird mitgeteilt, auf welche Weise kommt das zum Ausdruck?)

- Was hat das für Konsequenzen? (Direkt auf den Gesprächsverlauf und auf die Stimmung danach.)

- Gibt es in dieser Reaktionsvariante Verhaltensweisen der Partner, …

  … die ich von mir selbst kenne?

  … die ich von meinem Partner kenne?

II. Der erledigte Hochzeitstag

Ausgangssituation

Susanne verabschiedet ihre Kinder Paula und Michael samt deren Freunden zu einem Berghüttenwochenende, das ihre Trauzeugin Eva organisiert hat.

Susanne hofft, an ihrem 12. Hochzeitstag mit ihrem Mann Thomas ein romantisches Wochenende verbringen zu können, um ihrer Ehe wieder neuen Schwung zu verleihen. Die Zeit zu zweit ist viel zu knapp geworden. Susanne fürchtet, dass sie und Thomas sich auseinanderleben, wenn der Alltag – wie in letzter Zeit – nur noch aus Erledigungen besteht.

Dieses Wochenende will Susanne nutzen, aus dem üblichen Trott auszusteigen, um ihrem Thomas wieder näherzukommen. Susanne macht sich besonders hübsch und bereitet schon mal ein leckeres Frühstück mit Kerzen und allem Drum und Dran vor. Insgeheim erwartet sie, dass Thomas sich auch etwas Besonderes einfallen lässt.

Thomas jedoch denkt weder an den Hochzeitstag, noch bekommt er von Susannes Vorbereitungen etwas mit. Er steht stattdessen missmutig im Bad und hadert mit seinem Gewicht, seinem Haarausfall, kurz mit dem Älterwerden. Zusätzlich verschüttet Thomas auch noch sein Rasierwasser. Verärgert über sein Missgeschick und deprimiert über den schlaffen Eindruck, den er momentan von sich selbst hat, betritt Thomas den Wohnraum. Irritiert bemerkt er den festlich gedeckten Tisch, an dem er sich griesgrämig niederlässt. Für Thomas ist es erst mal „ein saublöder Tag“. Für Susanne beginnt damit der Hochzeitstag ganz anders als erwartet. Die Enttäuschung steht ihr ins Gesicht geschrieben.

Es ist eine heikle Situation, die hier plötzlich entstanden ist – wie gehen die beiden damit um?

Einschätzung der Ausgangslage

Sehen Sie sich die Ausgangsszene in Ruhe an und versuchen Sie sich in die Personen hineinzuversetzen. Danach können Sie sich folgende Fragen stellen und sich hierzu Notizen machen:

- Welche äußeren Umstände und welche Verhaltensweisen der Beteiligten trugen zu dieser Stresssituation bei?

- Wie würde es mir gehen? (spontane Gedanken, Gefühle, Bedürfnisse)

  … anstelle von Susanne

  … anstelle von Thomas

- Wie würde ich spontan reagieren?

  … anstelle von Susanne

  … anstelle von Thomas

a) Eskalation: „Knäckebrot statt Kuchen“

Susanne interpretiert Thomas Unmutsäußerung unhinterfragt gegen sich gerichtet („Unser Hochzeitstag ist also ein saublöder Tag.“) und legt noch einen verallgemeinernden Vorwurf nach („Du hast ihn schon wieder vergessen!“), während sie aufgebracht um ihn herumläuft.

Statt sich zu entschuldigen, versucht Thomas mit einer besonders ungünstigen Floskel abzuwiegeln („Ich kann doch nicht an alles denken.“), und bestärkt Susanne damit in ihrer voreiligen Annahme, dass ihm ihre Ehe egal sei. Wütend pustet sie die Kerzen des Kuchens aus, den ihr Thomas mit einem beschwichtigenden, aber auch bagatellisierenden Satz („Jetzt lass doch den Kuchen stehen, es ist doch gar nichts passiert.“) wieder aus der Hand reißt. Beide sind jetzt hocherregt und nicht mehr in der Lage, der eskalierten Auseinandersetzung eine Wende zu geben.

Susanne reagiert auf Thomas letzten Satz und knallt ihm zutiefst enttäuscht eine Packung Knäckebrot an die Brust („Lass es dir schmecken.“), ehe sie ihn demonstrativ verlässt („… aber ohne mich.“). Alleine stehen gelassen äfft Thomas ihr nur trotzig hinterher („Das ist ja nicht zum Aushalten mit dir, ich fahr’ jetzt in die Firma!“). Susanne bereitet die Flucht zu ihrer Freundin und den Kindern vor („Eva, wo seid ihr denn? Ich komm’ nach.“) und sieht in ihrer Verzweiflung schon das Ende ihrer Ehe gekommen („Das war mein letzter Hochzeitstag.“).

Thomas, jetzt alleine mit dem Knäckebrot, ist noch sichtlich aufgewühlt vom unguten Geschehen. Er schiebt den Gedanken an eigene Fehler schnell beiseite („Natürlich war das blöd, dass ich den Hochzeitstag vergessen habe, aber der ganze Stress die Woche …") und fühlt sich von Susanne völlig unverstanden („… davon hat sie keine Ahnung! Es ist ihr auch egal."). Thomas redet sich deshalb ein, dass Susanne es nicht gut mit ihm meint („Aber mir wegen jeder Kleinigkeit die Schuld in die Schuhe schieben, das kann sie!"). In seiner hilflosen Wut macht er sie in Gedanken weiter schlecht. Auch in Susanne wirkt die heftige Eskalation entsprechend nach. Sie sieht sich in ihren Bemühungen getäuscht und bestraft und will das Thomas in Zukunft spüren lassen („Ich hab' mir doch tatsächlich eingebildet … Ich streng mich nie wieder an, nie wieder!").

Resümee

In kürzester Zeit geht hier durch voreilige Schlüsse, gegenseitige Vorwürfe und Entwertungen viel Porzellan zu Bruch. Aus einer kritischen Situation wird leicht eine Krise der Beziehung, besonders dann, wenn die eigenen Bemühungen um die Partnerschaft bestraft und nicht belohnt werden. Belohnung schafft Nähe, Bestrafung schafft Distanz. Beides wird über Kommunikation vermittelt – in diesem Fall entstehen durch sich rasch aufschaukelnde Kommunikationsfehler das Gefühl der Bestrafung und der Wunsch, es dem anderen heimzuzahlen. Die nächste Eskalation ist dann nicht weit und die Bereitschaft zur Versöhnung schwindet von Mal zu Mal.

Reflexion der Reaktionsvariante

Ehe Sie sich den Kommentar zu dieser Reaktionsvariante ansehen – überlegen Sie selbst:

- Welche Verhaltensweisen von Susanne und Thomas sind mir aufgefallen? (Zum Beispiel: Was wird mitgeteilt, auf welche Weise kommt das zum Ausdruck, was wird gegebenenfalls verschwiegen?)

- Was hat das für Konsequenzen? (Direkt auf den Gesprächsverlauf und auf die Stimmung danach.)

Gibt es in dieser Reaktionsvariante Verhaltensweisen der Partner, …

… die ich von mir selbst kenne?

… die ich von meinem Partner kenne?

- Was könnte ich gegebenenfalls anders machen?

- Was würde ich mir gegebenenfalls von meinem Partner anders wünschen?

b) Vermeidung: „Kein Frühstück, kein Abendessen"

Susanne merkt, dass Thomas sichtlich missmutig am Tisch sitzt. Aber statt ihn zu fragen, was denn los sei, versucht sie ihre eigene Verunsicherung mit Ablenkung zu überspielen („Warum Trübsal blasen, schönes Wetter haben wir auch, jetzt trink doch erst mal …"). Thomas tut so, als ob er das Besondere der Situation gar nicht bemerkt, und entzieht sich diesem indirekten Angebot mit einer Allgemeinfloskel („Nein, kein Alkohol am Morgen, das ist ungesund …"), nicht ohne schon seine Flucht ins Büro vorzubereiten („… und außerdem muss ich noch fahren."), womit er Susanne noch mehr enttäuscht, was sie aber nicht anspricht.

Mit einem halbherzigen Versprechen versucht Thomas von der unangenehmen Situation abzulenken („Heute Abend, da wird gefeiert – versprochen!"). Beide sind weit davon entfernt, einander mitzuteilen, wie ihnen gerade zumute ist. Susanne versucht Thomas mit leckerem Essen zu halten („Du kannst doch auch jetzt was essen …"). Thomas, der sich der peinlichen Situation entziehen möchte, heuchelt Interesse an dem, was Susanne ihm aufgetischt hat, und fragt nach dem Champagner („Nicht schlecht, was hat'n der gekostet?"). Damit kränkt er Susanne nur noch mehr, die seine Frage sarkastisch und resignierend quittiert („Wahrscheinlich wieder zu viel.").

Obwohl zutiefst enttäuscht, schaltet Susanne auf einen scheinbar sachlichen und beiläufig klingenden Ton um („Wann bist du wieder zurück?"), während sich Thomas ebenso beiläufig klingend aus der Affäre ziehen möchte („Auf jeden Fall am frühen Nachmittag, dann kann ich mit Michael noch Fußball spielen."). Thomas vermeidet damit noch mehr den Bezug zu seiner Frau.

Susanne, der es eigentlich um mehr Zweisamkeit ging, klärt Thomas merklich säuerlich darüber auf, dass die Kinder außer Haus seien und er sich ohnehin nicht mehr um sie bemühen müsse („Die Kinder sind bis morgen mit Eva auf der Hütte, deswegen musst du dich also nicht beeilen."). Thomas spielt die erneut peinliche Angelegenheit als bloße Informationslücke herunter („Sorry, muss ich wohl überhört haben.") und tritt unter dem Druck, jetzt noch irgendetwas vor seinem Abgang sagen zu müssen, gleich noch ins nächste Fettnäpfchen („Und wegen heut' Abend, reservierst' halt beim Griechen, ist am einfachsten.").

Susanne reagiert gekränkt ironisch („Wir müssen ja nicht essen gehen, ist eh' billiger.") und macht damit ihrer Enttäuschung und mittlerweile ihrem Ärger wiederum nur indirekt Luft. Thomas versucht noch mit einem unpersönlichen „… das können wir schon machen." zu beschwichtigen, aber Susanne will jetzt nicht mehr („Nein, heute nicht!") und blickt resigniert auf den immer noch festlich gedeckten Tisch.

Resümee

Beide haben zwar während des Gesprächs äußerlich Ruhe bewahrt, aber die vielen Ausweich- und Ablenkungsmanöver hinterlassen einen bitteren Nachgeschmack. Weder Thomas noch Susanne konnten einander mitteilen, wie ihnen zumute war. Ein solches Vermeidungsverhalten trägt sehr schnell zur Entfremdung der Partner bei, denen die zugrunde liegenden Kommunikationsfehler aber nicht bewusst werden. In der Folge wird der Partner innerlich abgewertet („Dieser Mann hat den totalen Grauschleier.", „Was ist nur aus ihr geworden.") und es wird immer weniger in die Beziehung investiert.

Reflexion der Reaktionsvariante

Ehe Sie sich den Kommentar zu dieser Reaktionsvariante ansehen – überlegen Sie selbst:

- Welche Verhaltensweisen von Susanne und Thomas sind mir aufgefallen? (Zum Beispiel: Was wird mitgeteilt, auf welche Weise kommt das zum Ausdruck, was wird gegebenenfalls verschwiegen?)

  Was hat das für Konsequenzen? (Direkt auf den Gesprächsverlauf und auf die Stimmung danach.)

- Gibt es in dieser Reaktionsvariante Verhaltensweisen der Partner, …

  … die ich von mir selbst kenne?

  … die ich von meinem Partner kenne?

- Was könnte ich gegebenenfalls anders machen?

- Was würde ich mir gegebenenfalls von meinem Partner anders wünschen?

c) Klärung: „Mehr Zeit zu zweit“

Thomas bemerkt die schwierige Situation, die das Aufeinandertreffen von Susannes feierlichem Angebot und seinem momentanen Missmut geschaffen hat. Er spricht auf humorvolle Weise seinen Lapsus an („Entschuldige, ich war noch nicht ganz da. Am besten ich komm' noch mal rein – zur Feier des Tages.“). Damit wendet er sich ganz bewusst Susanne zu, die nun schon etwas entspannter und ebenfalls mit Humor reagieren kann („Dann zieh dir am besten deinen schwarzen Anzug an, falls er dir noch passt.“).

Thomas deutet daraufhin die Ursache für seine vorangegangene üble Laune an („Das ist es ja gerade, mir passt kaum noch was.“), woraufhin Susanne offen nachfragt, ob das auch mit ihr zu tun hätte („Und ich, pass ich dir noch?“). Nachdem Thomas sein Interesse an dem sich nun entwickelndem Gespräch über die Beziehung signalisiert („… wie meinst du das?“) und beschließt, sich darauf einzulassen, gelingt es Susanne, die ihr nicht behagenden Veränderungen in ihrer Ehe ohne Vorwurf anzusprechen, indem sie nur von sich spricht („… ich vermisse das Paar, das wir mal waren … das Spaß hatte, das sich auch mal leidenschaftlich liebte, das keine Sorgen vor der Zukunft hatte.“). Thomas geht aufmerksam auf sie ein, indem er zwischendurch zusammenfasst und nachfragt. Susanne kann ihm an konkreten Beispielen zeigen, was sie meint („Letzten Sonntag zum Beispiel, wir haben über nichts anderes gesprochen als über Erledigungen …“) und was ihr fehlt („… dass wir mal so richtig miteinander lachen konnten, wie zum Beispiel damals bei deinem Überraschungspicknick.“).

Susanne vermittelt Thomas ihre Wertschätzung, aber auch ihren Wunsch nach Veränderung („Thomas, ich bin froh, dass du dich um so viel kümmerst, ich schätz' das sehr, aber deswegen habe ich mich damals nicht in dich verliebt, ich will einfach, dass wir wieder mehr Spaß miteinander haben."). Nachdenklich geworden durch Susannes persönliche Mitteilung, spricht nun auch Thomas von den Veränderungen, die er an sich bemerkt hat und wie er bislang damit umging („Wenn du so von früher redest, frage ich mich auch, wo mein Elan und meine Unbekümmertheit geblieben sind …").

Nun wechselt Susanne in die Zuhörerrolle, greift auf, was sie verstanden hat („Du lenkst dich mit Arbeit ab, um nicht ans Älterwerden zu denken?"), und fragt Thomas offen, wie es ihm mit ihr bei diesem Thema geht („Und wie geht's dir damit, dass auch ich älter werde – Orangenhaut statt Erdbeermund?").

In dieser entspannten und gleichzeitig ernsthaften Gesprächsatmosphäre gelingt es den beiden auch das Thema Sexualität zur Sprache zu bringen (Susanne: „… weil wir immer seltener miteinander schlafen?"; Thomas: „Es passiert halt nicht mehr wie von selbst."). Mittels eines konkreten Beispiels, in dem Thomas sein Erleben schildert („Manchmal würde ich gern spontan … aber dann kommt wieder was dazwischen …"), wird beiden klar, wie sich diese beiderseits unerwünschte Entwicklung ihrer Beziehung einschleichen konnte (Susanne: „Da geht's dir fast wie mir. Wenn einer dem anderen näherkommen möchte …").

Die Stimmung wird gelöster und damit auch die Suche nach Lösungsvorschlägen für die Zukunft möglich (Susanne: „… ich hab' 'n Vorschlag …"). Im Hier und Jetzt ergreift aber erst mal Thomas die Gelegenheit beziehungsweise seine Susanne beim Schopf.

Resümee

Trotz der heiklen Ausgangssituation haben es Susanne und Thomas geschafft, sich wieder näherzukommen. Es ist ihnen gelungen, auf Vorwürfe zu verzichten und wechselseitig nur von ihrem persönlichen Erleben – Befürchtungen wie auch Bedürfnissen – zu sprechen und sich dabei volle Aufmerksamkeit zu schenken. Beide konnten erkennen, wie sie in einen ungewollten Trott hineingeraten sind, aber auch, wie es in Zukunft wieder anders gehen könnte, indem sie sich mehr Zeit füreinander verschaffen. Und mit dem Austausch von Komplimenten kam es auch wieder zum Austausch von Zärtlichkeiten – und so weiter …

Reflexion der Reaktionsvariante

Ehe Sie sich den Kommentar zu dieser Reaktionsvariante ansehen – überlegen Sie selbst:

- Welche Verhaltensweisen von Susanne und Thomas sind mir aufgefallen? (Zum Beispiel: Was wird mitgeteilt, auf welche Weise kommt das zum Ausdruck?)

- Was hat das für Konsequenzen? (Direkt auf den Gesprächsverlauf und auf die Stimmung danach.)

- Gibt es in dieser Reaktionsvariante Verhaltensweisen der Partner, …

  … die ich von mir selbst kenne?

  … die ich von meinem Partner kenne?

III. Wenn es dick kommt

Ausgangssituation

Thomas sitzt mit sorgenvollem Gesicht an seinem Schreibtisch, seine Mutter, die normalerweise die Büroarbeit für seinen Betrieb erledigt, ihm gegenüber. Susanne kommt gut gelaunt dazu, weil sie gerade Abendessen eingekauft und vor allem den längst fälligen Familienurlaub gebucht hat.

Thomas informiert gerade Susanne darüber, dass sich seine Mutter in Kürze einer unaufschiebbaren Operation unterziehen wird und Susanne deshalb für sie wird einspringen müssen. Da kommt Bernd, Thomas' Mitarbeiter, mit der nächsten Hiobsbotschaft zur Tür herein. Ein wichtiger Kunde hat Insolvenz angemeldet. Ein großer, noch ausstehender Rechnungsbetrag droht für Thomas verloren zu gehen. Der Schrecken und die Sorgen sind Susanne und Thomas deutlich anzusehen.

In Stresssituationen wie diesen ist es meist besonders schwer, wahrzunehmen, welche Gefühle, Gedanken, Empfindungen einen selbst bewegen, geschweige denn, sich auf die Bedürfnisse des anderen einzulassen. Doch ist beides gerade in solchen Momenten von entscheidender Bedeutung, um nach einem offenen und fairen Austausch den Kopf und das Herz wieder freizubekommen für Lösungsansätze, die für beide in Ordnung gehen.

Wie werden Susanne und Thomas sich in diesem „Supergau" verhalten? Nur gemeinsam könnten sie die krisenhafte Situation bewältigen.

Einschätzung der Ausgangslage

Sehen Sie sich die Ausgangsszene in Ruhe an und versuchen Sie sich in die Personen hineinzuversetzen. Danach können Sie sich folgende Fragen stellen und sich hierzu Notizen machen:

- Welche äußeren Umstände und welche Verhaltensweisen der Beteiligten trugen zu dieser Stresssituation bei?

- Wie würde es mir gehen? (spontane Gedanken, Gefühle, Bedürfnisse)

  … anstelle von Susanne

  … anstelle von Thomas

- Wie würde ich spontan reagieren?

  … anstelle von Susanne

  … anstelle von Thomas

a) Eskalation: „Du machst alles kaputt!“

Susanne verfällt schnell in einen anklagenden Ton („Und ich dachte, alles sei bestens, Rechnungen bezahlt, Urlaub geplant … und jetzt das!“). Thomas geht darauf gar nicht ein und versucht, das Ganze kurz abzutun („Susanne… bitte …“). Damit macht er Susanne noch wütender. Sie äfft ihn ironisierend nach („Susanne … bitte …“) und verletzt ihn mit abwertenden Verallgemeinerungen („Es ist doch immer das Gleiche.“) und Vorwürfen im belehrenden Ton („Da macht man doch Druck. Da wartet man doch nicht, bis der Auftraggeber pleite ist.“).

Als sie ihn auch noch als den schlechteren Geschäftsmann im Vergleich zu seinen Kollegen darstellt („Alle anderen haben wahrscheinlich längst ihr Geld.“), kontert Thomas gereizt („Jetzt reicht's!“) und mit einem ironisch formulierten Vorwurf („Immer weißt du alles besser.“). In seiner Berufsehre gekränkt stellt er sich als den Fehlerlosen und sie als undankbare Schmarotzerin dar („Ich kenne mein Geschäft. Wir haben bisher ganz gut davon gelebt. Und du auch!“). Als er sich dann zu rechtfertigen beginnt („Ich bin kein Hellseher, eine Insolvenz kann schließlich jeden treffen.“), reagiert sie mit beißendem Spott. Sie wertet ihn massiv ab („Hellseher? Amateur!“) und etikettiert ihn mit negativen Eigenschaften („Du bist viel zu nachgiebig und nachlässig.“). In ihren nächsten Vorwurf, den sie mit vorstoßendem Zeigefinger noch unterstreicht („Da musst du dich halt drum kümmern, …“), bezieht sie auch noch Thomas' Mutter mit ein („… oder zumindest deine Mutter. Aber die muss sich genau jetzt unters Messer legen …“).

Thomas richtet sich drohend auf und macht seiner Empörung mit einem zugespitzten Gegenvorwurf Luft („Das ist das Allerletzte, dass du meine Mutter da mit reinziehst!“). Mit einer Etikettierung kanzelt er Susanne ab („Es ist so typisch für dich.“). Diese erhebt sich jetzt auch drohend nach vorne gebeugt und heizt die aggressiv aufgeladene Stimmung noch weiter an, indem sie Thomas durch eine harsch formulierte Schuldzuweisung als übel meinenden Vater und Ehemann darstellt („Ich finde es das Allerletzte, dass du den Kindern und mir den ersten Urlaub seit drei Jahren versaust.“).

In dieser Atmosphäre von Angriff und Gegenangriff sind beide nicht mehr in der Lage, auf Bernds (Thomas' Mitarbeiter) zuversichtliche Bemerkung einzugehen („… wir haben da gerade noch einen Termin rein bekommen. Klingt sehr vielversprechend …“). Stattdessen schreit Thomas auch seinen Mitarbeiter an („Wir haben hier bald gar keine Termine mehr!“) und Susanne zeigt mit einer letzten heftigen Abwertung, dass sie sich mit den eigentlichen Problemen überhaupt nicht mehr auseinandersetzen will („Mach doch mit deiner Pleitefirma, was du willst!“), und läuft wutentbrannt und wahrscheinlich auch resigniert davon.

Resümee

Beide äußern nicht ihre Frustration und ihre Ängste, die diese Krisensituation in ihnen auslöst, sondern sie suchen sich ihren Partner als Sündenbock aus, um an diesem Dampf abzulassen. In diesem Gefecht werden selbst sich bietende Chancen, wie hier das vom Mitarbeiter Bernd eingebrachte Angebot, nicht richtig wahrgenommen und sogar zurückgewiesen. Abgesehen davon, dass dieses Verhalten zu keinerlei Lösung führen kann, entfernen sich die beiden emotional voneinander. Die Verletzungen sitzen tief und deshalb lernen beide, dass sie sich künftig vor dem anderen schützen müssen. So kühlt die Beziehung über kurz oder lang deutlich ab.

Reflexion der Reaktionsvariante

Ehe Sie sich den Kommentar zu dieser Reaktionsvariante ansehen – überlegen Sie selbst:

- Welche Verhaltensweisen von Susanne und Thomas sind mir aufgefallen? (Zum Beispiel: Was wird mitgeteilt, auf welche Weise kommt das zum Ausdruck, was wird gegebenenfalls verschwiegen?)

- Was hat das für Konsequenzen? (Direkt auf den Gesprächsverlauf und auf die Stimmung danach.)

- Gibt es in dieser Reaktionsvariante Verhaltensweisen der Partner, …

  … die ich von mir selbst kenne?

  … die ich von meinem Partner kenne?

- Was könnte ich gegebenenfalls anders machen?

- Was würde ich mir gegebenenfalls von meinem Partner anders wünschen?

b) Resignation: „Es ist eh' alles vorbei“

Thomas starrt apathisch auf seine Schreibtischplatte. Susanne eröffnet das Gespräch in einem resignativ vorwurfsvollem Ton („Thomas, wie konnte das passieren?“). Auf Thomas' Erklärungen reagiert sie mit großer Hilflosigkeit, indem sie ihre ganze Zukunft infrage stellt („... was wird dann aus uns?“).

Thomas lässt seiner Resignation freien Lauf. Er schildert den schlimmstmöglichen Ausgang als Tatsache („Das Geld sehen wir nie mehr. Den Urlaub können wir vergessen ... und die Firma wahrscheinlich auch.“). Susanne macht es ihm in weinerlichem Tonfall gleich („Gott, das Geld für den Urlaub ist ja auch noch weg.“). Und Thomas bringt die gedrückte Stimmung mit einer vernichtenden Verallgemeinerung endgültig auf den Nullpunkt („Das war's.“).

Susanne rettet sich in bitteren Sarkasmus und macht Thomas' Mutter indirekt Vorwürfe („Sie kann sich unters Messer legen und in aller Ruhe erholen.“).

Die beiden haben sich bis dahin gegenseitig so in ihrer Stimmung heruntergezogen, dass sie auf Bernds optimistisch vorgetragenen Hinweis („... da ist noch ein vielversprechender Termin reingekommen ...“) nicht mehr angemessen reagieren können. Thomas tut ihn mit einer weiteren düsteren Verallgemeinerung ab („Ach Bernd, das bringt doch alles nichts ...“). Und auch Bernds Vorschlag, ob er sich darum kümmern solle, wird resigniert mit dem Kopf schüttelnd zunichte gemacht („Ach, lass gut sein ...“).

Thomas bleibt nach diesem unerfreulichen Gespräch schuldbewusst zurück („Auch wenn Susanne es nicht direkt gesagt hat. Ich bin mir sicher, dass sie mir die Schuld gibt. Ich fühl mich ja selbst wie ein Versager."). Seine nicht geäußerte Hoffnung, von Susanne Unterstützung zu bekommen, wird enttäuscht. Er erlebt das Gegenteil davon („Mit Susanne kann ich da nicht drüber sprechen. Ihr Gejammer zieht mich nur noch mehr runter.").

Susanne dagegen ist verzweifelt und begegnet diesem Gefühl mit einer vorwurfsvollen inneren Haltung („Hätte Thomas nur besser aufgepasst."). Sie hat durch dieses ungünstige Gespräch wieder einmal den Eindruck gewonnen, ihren Thomas überhaupt nicht erreichen zu können („… ich komm noch nicht mal an ihn ran.").

Resümee

Anstatt sich gegenseitig zu ermutigen, offen zur eigenen Verunsicherung zu stehen und dann im Weiteren verschiedene Betrachtungsweisen auf das Krisenthema zu entwickeln, entmutigen sich die beiden permanent. Negative Nachrichten werden verallgemeinert, bis keinerlei Hoffnung mehr bleibt. Auch hier können Chancen, wie das von Bernd eingebrachte Angebot, nicht mehr als solche wahrgenommen werden. Die beiden erleben zwischen sich eine große Distanz.

Reflexion der Reaktionsvariante

Ehe Sie sich den Kommentar zu dieser Reaktionsvariante ansehen – überlegen Sie selbst:

- Welche Verhaltensweisen von Susanne und Thomas sind mir aufgefallen? (Zum Beispiel: Was wird mitgeteilt, auf welche Weise kommt das zum Ausdruck, was wird gegebenenfalls verschwiegen?)

- Was hat das für Konsequenzen? (Direkt auf den Gesprächsverlauf und auf die Stimmung danach.)

- Gibt es in dieser Reaktionsvariante Verhaltensweisen der Partner, …

  … die ich von mir selbst kenne?

  … die ich von meinem Partner kenne?

- Was könnte ich gegebenenfalls anders machen?

- Was würde ich mir gegebenenfalls von meinem Partner anders wünschen?

c) Klärung: „Wir zwei finden eine Lösung“

Thomas reagiert auf diese bedrohliche Nachricht mit einem Schuss Selbstironie („… und wenn du glaubst, es geht nix mehr, kommt's von irgendwo noch dicker her.“) und geht dabei auf Susanne zu.

Damit zeigt er, dass er sich mit ihr zusammen dem kritischen Thema stellen will. Susanne sieht ihn an, fasst kurz das Vorgefallene zusammen und weist ihrerseits auf die gemeinsame Aufgabe hin, sich aus dieser schwierigen Situation wieder zu befreien („… und wir können sehen, wie wir mit dem Schlamassel klarkommen.“).

Thomas schildert der aufmerksam zuhörenden Susanne seinen bisherigen Wissensstand („… da war von Insolvenz keine Rede. Im Gegenteil …“) und stellt fest, dass weder er noch sie an der Misere Schuld tragen („Und für die kaputte Bandscheibe meiner Mutter, da können wir natürlich nichts dafür.“).

Susanne stimmt ihm zu („Das seh' ich genau so.“) und spricht ehrlich an, wie es ihr in dieser Situation geht („… mir wird ganz flau, wenn ich dran denke, was alles noch auf uns zukommt.“). Dann grenzt sie die schwierige Gesamtsituation durch die konkrete Frage nach dem Urlaub ein („Was machen wir jetzt mit dem Urlaub?“), in der Absicht, die sich häufenden Schwierigkeiten nacheinander besser angehen zu können. Während Thomas seinen Wunsch äußert („Auf den Urlaub mit dir und den Kindern möchte ich eigentlich nicht verzichten.“), zieht er Susanne liebevoll an sich heran und legt die Arme um sie. Susanne erwidert diese Geste und lässt keinen Zweifel daran, dass sie ihm dafür dankbar ist („Lieb, dass du das sagst.“).

Damit haben sich die beiden ihrer gegenseitigen Nähe und ihres Zusammenhalts versichert. Auf dieser sicheren Grundlage können sie jetzt deutlich entspannter Ideen austauschen, die sich im Verlauf des Gesprächs zu konkreten Lösungsansätzen verdichten (zum Beispiel Susanne: „Lass uns morgen mit der Bank und dem Reisebüro telefonieren …"; Thomas: „Könntest du mit dem Moosleitner von der Bank sprechen? Du kannst besser mit ihm. Und ich werde morgen mit unserem Anwalt über die Insolvenz reden …"; Susanne: „Okay, und ich versuch' deine Mutter die nächsten Tage hier im Büro zu vertreten …").

In dieser kreativen Stimmung stößt Bernds Hinweis („… wir haben da gerade noch einen Termin reinbekommen. Klingt vielversprechend …") nicht auf taube, sondern offene Ohren. Thomas fragt interessiert nach („Wie – vielversprechend?"). Dadurch fühlt Bernd sich ermutigt, den möglichen, lukrativen Auftrag genau zu beschreiben. Susanne und Thomas ist die Freude über diese unerwartete Chance ins Gesicht geschrieben. Susanne macht ihrer Freude Luft, indem sie spaßhaft noch einmal Thomas' Spruch vom Anfang des Gesprächs in abgewandelter Form aufgreift („Und wenn du glaubst, es geht nichts mehr, kommt irgendwo ein Auftrag her.").

Die Erleichterung ist nun allen, auch Bernd, deutlich anzumerken („Ich brauch' jetzt was zu essen."). Schließlich versichert Thomas lachend seiner Susanne, dass er trotz der wahrscheinlich anstehenden Arbeit am gemeinsamen Urlaub festhalten will („Na, dann aber ran an die Arbeit, damit wir uns den Urlaub auch verdienen …").

Resümee

Damit sind die Schwierigkeiten noch längst nicht bewältigt. Doch die beiden konnten sich durch ein offenes, faires Gespräch deutlich machen, dass sie auch in Krisen zueinander stehen. Dadurch tritt zumindest eine gewisse Entspannung ein, die – anders als in einer angespannten Gesprächssituation – den Blick wieder frei macht für Chancen und Problemlösungsansätze, wie dem von Bernd vorgebrachten Angebot, das ebenso überraschend auftaucht wie die vorangegangenen schlechten Nachrichten.

Reflexion der Reaktionsvariante

Ehe Sie sich den Kommentar zu dieser Reaktionsvariante ansehen – überlegen Sie selbst:

- Welche Verhaltensweisen von Susanne und Thomas sind mir aufgefallen? (Zum Beispiel: Was wird mitgeteilt, auf welche Weise kommt das zum Ausdruck?)

- Was hat das für Konsequenzen? (Direkt auf den Gesprächsverlauf und auf die Stimmung danach.)

- Gibt es in dieser Reaktionsvariante Verhaltensweisen der Partner, …

  … die ich von mir selbst kenne?

  … die ich von meinem Partner kenne?

IV. Der neue Job

Ausgangssituation

Susanne und Thomas haben ihre Freunde Sabine und Rainer als Gäste zum Abendessen eingeladen. Bei einem lockeren Gespräch am festlich gedeckten Tisch über das Eingespanntsein der Männer im Beruf erzählt Susanne, dass es mit ihrer Bewerbung gut aussehe und es sich wohl um eine Ganztagsanstellung handle. An Thomas' betroffenem Gesichtsausdruck merkt Susanne, dass er die Nachricht keineswegs so positiv aufnimmt, wie sie eigentlich gehofft hatte. Verunsichert stellt sie noch fest, dass er doch gewusst habe, dass sie sich bewerbe.

Ohne böse Absicht löst Susanne mit ihrer Bemerkung über ihren möglichen Ganztagsjob wohl eine ganze Reihe an negativen Gedanken und Gefühlen bei Thomas aus. Vielleicht fühlt er sich überrumpelt, vielleicht denkt er sogar, dass Susanne ihn in Anwesenheit der Freunde vor vollendete Tatsachen stellen will. Er könnte Angst vor unangenehmen Veränderungen und Mehrbelastungen haben, die auf ihn und auf die ganze Familie zukämen, wenn Susanne voll berufstätig würde.

Susanne dagegen ist bestimmt stolz, dass sie mit ihrer Bewerbung so gut ankam. Sie dürfte sich eine interessante Aufgabe und eine reizvolle Abwechslung in ihrem Alltag versprechen. Vielleicht hofft sie auch, durch ein höheres Gehalt das Einkommen für die Familie aufzubessern. Sicherlich ist sie aber auch ein wenig unsicher, ob sie und Thomas das alles hinkriegen werden. Sie hätte sich wahrscheinlich über ein paar anerkennende Worte und auf die Aussicht, das alles in Ruhe zu besprechen, gefreut.

Die Frage ist, wie Susanne und Thomas mit diesen unterschiedlichen Empfindungen – und vor allem wie sie miteinander umgehen werden.

Einschätzung der Ausgangslage

Sehen Sie sich die Ausgangsszene in Ruhe an und versuchen Sie sich in die Personen hineinzuversetzen. Danach können Sie sich folgende Fragen stellen und sich hierzu Notizen machen:

- Welche äußeren Umstände und welche Verhaltensweisen der Beteiligten trugen zu dieser Stresssituation bei?

- Wie würde es mir gehen? (spontane Gedanken, Gefühle, Bedürfnisse)

… anstelle von Susanne

… anstelle von Thomas

- Wie würde ich spontan reagieren?

… anstelle von Susanne

… anstelle von Thomas

a) Eskalation: „Streit vor Freunden“

Thomas schaut Susanne nicht an, sondern stiert mit verkniffenem Gesicht ins Leere. Er beginnt die Auseinandersetzung mit beißender Ironie („Schöne Bescherung!“). Irritiert spricht Susanne mit fester werdender Stimme an, welche Reaktion sie eigentlich erwartet hatte („Ich dachte, du freust dich!“).

An dieser Stelle wäre noch gut eine Umkehr hin zu einem offenen Gespräch möglich. Doch leider nutzt Thomas nicht die Gelegenheit zu beschreiben, was eigentlich in ihm vorgeht. Stattdessen bleibt er bei seiner unpersönlichen und verletzenden Ironie („Natürlich freut man sich da …“) und steigert diese noch mit dem Weinglas in der Hand („Na dann, Prost Mahlzeit! Schön, wenn es für dich vorangeht!“).

Nun gibt es auch für Susanne kein Zurück mehr. In wütendem Ton serviert sie ihm eine deftige Retourkutsche, indem sie ihn in seiner Berufsehre abwertet („Das haben wir auch bitter nötig. So toll läuft dein Betrieb auch wieder nicht.“). Thomas wehrt sich, indem er ihr mit aggressivem Tonfall widerspricht („Das stimmt doch gar nicht!“) und sie mit einer abwertenden Unterstellung konfrontiert, die auch noch ihre Freundinnen mit hineinzieht („Du hast dir doch bloß von deinen Freundinnen den Karrierefloh ins Ohr setzen lassen.“).

Auf ihren Einwand („Jetzt lass bloß meine Freundinnen aus dem Spiel!“) reagiert er gar nicht, sondern schießt sich jetzt erst recht auf diese ein, indem er sie massiv abwertet („Die wollen doch nur'n teuren Wagen und schicke Klamotten.“) und ihnen auch noch unterstellt, dass sie skrupellose Mütter seien („Die eigenen Kinder gibt man dann lieber in den Hort, statt sich selbst drum zu kümmern."). Susanne kontert mit einer aggressiven Unterstellung („Blödsinn! Dir geht's doch nicht um die Kinder. Dir geht's nur um dich.") und ihn bloßstellenden Übertreibungen („Es ist ja auch viel bequemer, wenn ich dir alles nachtrage und das Heimchen am Herd spiele.") vor den peinlich berührten Freunden.

Der gut gemeinte Schlichtungsversuch von Rainer („Bleibt doch ruhig … kann man doch sachlich drüber …") verpufft nicht nur, sondern löst auch noch die nächste Eskalationsspirale aus.

Während Susanne die Anwesenheit der Freunde bei dieser „Szene" peinlich zu berühren scheint, richtet Thomas' Zorn sich nun auch noch gegen diese. Taktlos und voller Aggression kränkt er das Paar mit einem derben Hinweis auf ihre Kinderlosigkeit („Ihr habt doch keine Kinder. Da redet sich's leicht sachlich."). Damit hat er jetzt auch die Freunde gegen sich aufgebracht, die empört den Tisch verlassen.

Als Susanne nach der improvisierten Verabschiedung der Gäste wieder zu Thomas zurückkommt, beschimpft sie ihn lautstark („Du Vollidiot! Jetzt hast du auch noch unsere Freunde vertrieben!"). Wie dieser daraufhin einfach an ihr vorbei die Treppen hochgeht, schreit sie ihm genauso wütend und hilflos noch einen letzten Vorwurf hinterher („Mit dir ist es nicht zum Aushalten!").

Resümee

Durch gegenseitige Vorwürfe und Abwertungen hat sich das Gespräch schnell zu einem unfruchtbaren Schlagabtausch entwickelt, in dem es nur noch darum geht, den anderen zu verletzen. Das eigentliche Thema spielt dabei keine Rolle mehr. Auch gute Freunde können hier kaum schlichten, ja können sogar leicht ins Kreuzfeuer geraten. Susanne und Thomas haben sich nach diesem Streit emotional weit voneinander entfernt. Die gegenseitigen Kränkungen belasten die Beziehung und eine Lösung ist nicht in Sicht.

Reflexion der Reaktionsvariante

Ehe Sie sich den Kommentar zu dieser Reaktionsvariante ansehen – überlegen Sie selbst:

- Welche Verhaltensweisen von Susanne und Thomas sind mir aufgefallen? (Zum Beispiel: Was wird mitgeteilt, auf welche Weise kommt das zum Ausdruck, was wird gegebenenfalls verschwiegen?)

- Was hat das für Konsequenzen? (Direkt auf den Gesprächsverlauf und auf die Stimmung danach.)

- Gibt es in dieser Reaktionsvariante Verhaltensweisen der Partner, …

  … die ich von mir selbst kenne?

  … die ich von meinem Partner kenne?

- Was könnte ich gegebenenfalls anders machen?

- Was würde ich mir gegebenenfalls von meinem Partner anders wünschen?

b) Relativierung: „Man muss es mal global sehen"

Thomas, dem sein Unbehagen anzusehen ist, beginnt mit einem „Ja-aber-Satz", indem er kurz Übereinstimmung andeutet, durch das unmittelbare „aber" jedoch seinen Widerspruch einleitet („Das ist ja alles schön und gut, aber …").

Susanne versucht daraufhin sofort, ihn zu beschwichtigen („Es ist doch noch gar nichts entschieden. Ich bin doch nur in der engeren Wahl.").

Unglücklicherweise ergreift Rainer jetzt Susannes Partei („Mensch Thomas, Susanne sucht doch schon 'ne ganze Weile nach etwas anderem. Gute Jobs gibt's halt nur Vollzeit."). Als auch Sabine auf Susannes Erfolg eingeht („Und von wie vielen Bewerbern bist du …?), kontert Thomas mit einem unpersönlich gehaltenen Vortrag über das Kindeswohl („Das spielt doch keine Rolle, ob halbtags oder Vollzeit. Viel wichtiger sind doch das Wohl der Kinder und der Zusammenhalt der Familie.").

In etwas eingeschüchtertem Ton beginnt nun auch Susanne im abgehobenen Vortragsstil zu sprechen („Es ist doch heute völlig normal, dass eine Frau wieder ganztags arbeitet, wenn die Kinder alt genug sind. Und das ist bei uns mit Sicherheit der Fall.").

Und anstatt jetzt endlich persönlich Stellung zu beziehen, führt sie Dritte als Argument an („Sieh dir doch mal unsere Vermieterin an, vier Kinder und noch 'ne Anwaltskanzlei."). Nach einer geringschätzigen Bemerkung über die als gelungenes Vorbild dargestellte Vermieterin („Ja, ja, die hochwohlgeborene Kanzleierbin. Die kann auch ihre Kinder den ganzen Tag verhätscheln lassen.") stellt Thomas eine unverrückbare Regel auf („Eltern sollten ihre Kinder selbst erziehen."), mit der er alle möglichen Gegenargumente abschmettern möchte.

Ohne böse Absicht bringt Rainer Thomas noch mehr unter Argumentationsdruck, indem er eine weitere Bewertung weiblicher Berufstätigkeit zum Besten gibt („Na ja, die meisten Frauen gehen doch nur arbeiten, weil das Geld zu knapp ist."). An seiner Berufsehre gekratzt, wehrt Thomas sich energisch gegen diese Möglichkeit („Wir haben genug Geld. Susannes Halbtagsjob reicht völlig.") und verfällt dann wieder in seinen belehrenden Vortragsstil („Abgesehen von den höheren Nebenkosten wie Kinderbetreuung, höhere Steuern – vom ökonomischen Standpunkt her rechnet sich das ganze so schnell nicht mehr."), hinter dem er seine wahren Empfindungen versteckt.

Verunsichert lenkt Susanne ein („Das mag ja sein …") und mit aufgesetzter Fröhlichkeit flüchtet sie sich vor Thomas' Belehrungen in die Küche („Ich mach' uns noch 'ne Flasche Rotwein auf. Der Abend ist ja schließlich noch jung."), während Thomas, nicht so ganz von seinem Triumph überzeugt, mit den Gästen zurückbleibt.

Resümee

Beide stellen sich nicht dem Thema, indem er überwiegend abgehobene Vorträge hält, während sie meist abwiegelt und ausweicht. So weiß keiner, was den anderen wirklich beschäftigt. Zurück bleibt bei ihr Frustration und bei ihm Verunsicherung. Die Anwesenheit des befreundeten Paares erschwert das Ganze noch, da gute Freunde – wie auch hier – häufig dazu neigen, sich der Sichtweise eines der beiden Partner anzuschließen. Das macht es dann für den anderen Partner noch schwerer, sich auf ein offenes Gespräch einzulassen. Themen, die große Bedeutung für die Beziehung haben, sollten deshalb unbedingt erst unter vier Augen besprochen werden.

Reflexion der Reaktionsvariante

Ehe Sie sich den Kommentar zu dieser Reaktionsvariante ansehen – überlegen Sie selbst:

- Welche Verhaltensweisen von Susanne und Thomas sind mir aufgefallen? (Zum Beispiel: Was wird mitgeteilt, auf welche Weise kommt das zum Ausdruck, was wird gegebenenfalls verschwiegen?)

- Was hat das für Konsequenzen? (Direkt auf den Gesprächsverlauf und auf die Stimmung danach.)

- Gibt es in dieser Reaktionsvariante Verhaltensweisen der Partner, …

  … die ich von mir selbst kenne?

  … die ich von meinem Partner kenne?

- Was könnte ich gegebenenfalls anders machen?

- Was würde ich mir gegebenenfalls von meinem Partner anders wünschen?

c) Klärung: „Dein Job in meinem Ohr“

Thomas atmet tief durch, um sich ein wenig zu besinnen. Er schaut Susanne an und macht ihr ein kleines Kompliment („Da hast du wohl jede Menge Bewerber abgehängt. Nicht schlecht!“). Dann äußert er seine Überraschung („… mit ’nem Fulltime-Job hab’ ich jetzt nicht gerechnet.“). Susanne geht darauf ein, indem sie die Situation genauer beschreibt („… von 40 Stunden die Woche war jetzt auch zum ersten Mal die Rede.“). Rainer und Sabine geben ihrer Freude Ausdruck. Als Sabine im Überschwang von Thomas fordert, dass er sich für Susanne freuen soll („Mensch Thomas, jetzt freu dich doch mal für sie!“), reagiert Thomas mit einer kurzen Schilderung von dem, was im Moment in ihm vorgeht („So leid’s mir tut. Ich kann mich jetzt nicht so auf Knopfdruck freuen. Ich bin erst mal platt.“). So formuliert, kann Sabine dies gut annehmen und Thomas erklärt weiter, was ihm bei diesem Thema durch den Kopf geht („… das würde unser Leben ganz schön umkrempeln.“). Susanne streichelt Thomas liebevoll über die Wange und schlägt ihm vor, dieses wichtige Thema unter vier Augen zu besprechen („Vielleicht sollten wir erst mal alleine darüber sprechen.“). Dankbar und erleichtert stimmt Thomas ihr zu und kann nun wieder einen entspannten Abend mit lieben Freunden genießen („Genau. Jetzt essen wir erst mal was und dann machen wir uns ’nen netten Abend.“).

Später, als Susanne und Thomas wieder allein sind und Gläser und Geschirr wegräumen, kommen sie miteinander ins Gespräch. Nach einem kurzen Austausch darüber, wie sie den Abend erlebt haben („Ich fand den Abend mit den beiden wieder recht amüsant. Und du?"), greift Thomas, weil es ihm spürbar unter den Nägeln brennt, sehr schnell das Thema Ganztagsstelle auf, indem er Susanne nach ihrer Bereitschaft fragt, sich jetzt noch auf ein Gespräch darüber einzulassen („Kann ich mit dir noch mal ein paar Takte über deine Ganztagsstelle sprechen?").

Susanne macht klar, dass sie eine ausführliche Diskussion darüber lieber auf morgen verschieben möchte, sie aber für einen kurzen Austausch noch fit genug ist („Lieber morgen, aber ein paar Minuten schaff' ich jetzt schon noch."). In der Küche geht Thomas auf Susanne ein, indem er ihr sagt, was er bei ihr wahrgenommen hat („Du scheinst dich ja richtig auf diese Stelle zu freuen …"). Susanne kann daraufhin ihr Gefühl offen und ehrlich zum Ausdruck bringen („Ja, ich würde mich freuen. Es wäre eine Riesenchance für mich.").

Durch interessiertes Nachfragen ermutigt Thomas sie, ihre jetzige Arbeitssituation konkret zu beschreiben („… bei meiner jetzigen Stelle fühl' ich mich unterfordert, schlecht bezahlt und ziemlich allein."). Er fasst das Gehörte frei zusammen und formuliert dabei eine weitere Frage („Und die andere wäre spannender, du hättest Leute um dich und mehr Geld?"). Susanne lässt ihn an ihren Zweifeln und Überlegungen teilhaben („Genau. Dummerweise gibt's den Job nur ganz und nicht halb. Ich weiß zwar noch nicht wie, aber vielleicht lässt sich das mit Kindern und Haushalt irgendwie regeln.").

Nun kann umgekehrt Thomas seiner Susanne schildern, wie es ihm derzeit mit ihrer Rollenaufteilung geht („Ich bin auf jeden Fall im Moment ganz zufrieden, so wie's läuft. Kinder gut versorgt, Haus tipptopp.") und er nutzt die Gelegenheit, Susanne Komplimente zu machen („Du machst das toll. Und das Essen war wieder total lecker.").

Susanne formuliert daraufhin eine Befürchtung, die auch Thomas teilt („Diesen Service könnte ich in dem Ausmaß nicht mehr bieten." „Das sehe ich leider auch so."). Und er traut sich, noch eine weitere, ihm peinliche Befürchtung anzusprechen („Vorhin habe ich auch noch gedacht, die anderen könnten denken, wir benötigen das Geld."). Susanne tröstet ihn liebevoll mit einem Kompliment („Mein tüchtiger Versorger.") und eröffnet ihm ihre Motive („Mir geht's nicht ums Geld. Mir geht's darum, dass ich mal wieder stolz auf mich sein könnte und beruflich wieder in die Gänge komme."). Thomas fasst Susannes Aussagen in eigenen Worten zusammen („Du willst also noch mal so richtig durchstarten.").

Als er dann schon beginnen will, über einzelne Problemstellungen zu sprechen („Und die Kinder?"), erinnert Susanne ihn daran, dass sie sich am nächsten Tag ausführlich über dieses komplexe Thema austauschen werden („Lass uns da morgen drüber reden. Am Montag muss ich's dann wissen und Bescheid geben."). Thomas stimmt zu und signalisiert ihr, dass er die

Zeit nutzen will, mit ihr Lösungsmöglichkeiten zusammenzutragen („Bis dahin können wir ja noch verschiedene Möglichkeiten durchspielen.“).

Am Ende des Gesprächs bedankt Susanne sich bei Thomas, dass er bereit war, ihr aufmerksam und fair zuzuhören („Und übrigens – Danke!“ „Für was?“ „Für dein Ohr.“).

Resümee

Die beiden beginnen ein klärendes Gespräch unter vier Augen. Indem sie sich zuhören und aufeinander eingehen, ermutigen sie sich gegenseitig, offen über ihre Vorstellungen, Hoffnungen und Befürchtungen zu sprechen. So kommen sie sich näher und es kann Verständnis für die Motive des anderen wachsen. Solch ein fairer Austausch ist meist die Voraussetzung für eine für beide Seiten befriedigende Problemlösung.

Reflexion der Reaktionsvariante

Ehe Sie sich den Kommentar zu dieser Reaktionsvariante ansehen – überlegen Sie selbst:

- Welche Verhaltensweisen von Susanne und Thomas sind mir aufgefallen? (Zum Beispiel: Was wird mitgeteilt, auf welche Weise kommt das zum Ausdruck?)

- Was hat das für Konsequenzen? (Direkt auf den Gesprächsverlauf und auf die Stimmung danach.)

- Gibt es in dieser Reaktionsvariante Verhaltensweisen der Partner, …

  … die ich von mir selbst kenne?

  … die ich von meinem Partner kenne?

Literaturverzeichnis

Für Paare, die auf unterhaltsame Art und Weise noch mehr über das Thema Paarkommunikation und über unsere Trainings erfahren wollen:

Engl, J. / Thurmaier, F. (2012). Wie redest du mit mir? Fehler und Möglichkeiten in der Paarkommunikation. Freiburg / Brsg.: Kreuz Verlag.

Übersichtsartikel für fachlich Interessierte:

Engl, J. / Thurmaier, F. (2001). Sich besser verstehen – die präventiven Programme EPL und KEK als neue Wege der Ehevorbereitung und Ehebegleitung. In: Walper, S. / Pekrun, R. (Hrsg.). Familie und Entwicklung: Perspektiven der Familienpsychologie. Göttingen: Hogrefe. S. 364 – 384.

Engl, J. / Thurmaier, F. (2002). Kommunikationskompetenz in Partnerschaft und Familie. In: Rollett, B. / Werneck, H. (Hrsg.). Klinische Entwicklungspsychologie der Familie. Göttingen: Hogrefe. S. 326 – 350.

Hahlweg, K. / Thurmaier, F. / Engl, J. / Eckert, V. / Markman, H. J. (1998). Prävention von Beziehungsstörungen in der Bundesrepublik Deutschland. In: Schriftenreihe des Bundesministeriums für Familie, Senioren, Frauen und Jugend (Hrsg.). Band 151. Stuttgart: Kohlhammer. S. 191 – 216.

Im Text zitierte Literatur:

Bandura, A. (1971). Principles of behavior modification. New York: Rinehart & Winston.

Bodenmann, G. (2009). Depression und Partnerschaft. Bern: Huber.

Bodenmann, G. / Hahlweg, K. (2003). Universelle und indizierte Prävention von Beziehungsstörungen. In: Grau, I. / Bierhoff, H. W. (Hrsg.). Sozialpsychologie der Partnerschaft. Berlin: Springer. S. 191 – 216.

Bodenmann, G. / Perrez, M. / Gottman, J. M. (1994). Intrapsychisches Coping als Moderator zwischen subjektivem Belastungserleben und objektiver dyadischer Interaktion. Forschungsbericht Nr. 108. Freiburg / Schweiz: Psychologisches Institut.

Braukhaus, C. (2002). Zum Einfluss von Persönlichkeitszügen auf Partner schaftsqualität und Erfolg des Kommunikationstrainings EPL. Beratung Aktuell, 3, S. 157 – 163.

Bundesministerium für Familie, Senioren, Frauen und Jugend (BMFSFJ) (2009). Familien-Report 2009. Leistungen Wirkungen Trends. Publikationsversand der Bundesregierung.

Buss, D. M. (2004). Evolutionäre Psychologie. München: Pearson.

Coyne, J. C. / Rohrbaugh, M. J. / Shoham, V. / Sonnega, J. S. / Nicklas, J. M. / Cranford, J. A. (2001). Prognostic importance of marital quality for survival of congestive heart failure. American Journal of Cardiology, 88, S. 526 – 529.

Cummings, E. M. / Davies, P. T. (2002). Effects of marital conflict on children: Recent advances and emerging themes in process-oriented research. Journal of Child Psychology and Psychiatry, 43, S. 31 – 63.

Ekman, P. (2010). Gefühle lesen. Heidelberg: Spektrum Akademischer Verlag.

El-Sheikh, M. / Keller, P. S. / Erath, S. A. (2007). Marital conflict and risk for child maladjustment over time: Skin conductance level reactivity as a vulnerability factor. Journal of abnormal Child Psychology, 35, S. 715 – 727.

Engl, J. (1997). Determinanten der Ehequalität und Ehestabilität. München: Institut für Forschung und Ausbildung in Kommunikationstherapie.

Engl, J. / Thurmaier, F. (1998). Konstruktive Ehe und Kommunikation (KEK) – Ein Programm zur Weiterentwicklung von Partnerschaft. Handbuch für ausgebildete Kursleiter. München: Institut für Forschung und Ausbildung in Kommunikationstherapie.

Engl, J. / Thurmaier, F. (1999). Bedeutung der Kommunikation für Partnerschaft und Familie. In: Deutscher Familienverband (Hrsg.). Handbuch Elternbildung Band 1: Wenn aus Partnern Eltern werden. Opladen: Leske und Budrich. S. 145 – 173.

Engl, J. / Thurmaier, F. (2001a). Kommunikationstraining für Paare. Effektive Hilfen zum gegenseitigen Verstehen und einer höheren Zufriedenheit mit der Partnerschaft. In: Fthenakis, W. E. / Textor, M. R. (Hrsg.). Online Familienhandbuch. Verfügbar unter: www.familien handbuch.de [letzter Zugriff: 02.11.2011].

Engl, J. / Thurmaier, F. (2001b). Sich besser verstehen – die präventiven Programme EPL und KEK als neue Wege der Ehevorbereitung und Ehebegleitung. In: Walper, S. / Pekrun, R. (Hrsg.). Familie und Entwicklung: Perspektiven der Familienpsychologie. Göttingen: Hogrefe. S. 364 – 384.

Engl, J. / Thurmaier, F. (2002). Kommunikationskompetenz in Partnerschaft und Familie. In: Rollett, B. / Werneck, H. (Hrsg.). Klinische Entwicklungspsychologie der Familie. Göttingen: Hogrefe. S. 326 – 350.

Engl, J. / Thurmaier, F. (2003). KOMKOM – Kommunikationskompetenz – Training in der Paarberatung. Handbuch für ausgebildete Kursleiter.

München: Institut für Forschung und Ausbildung in Kommunikationstherapie.

Engl, J. / Thurmaier, F. (2005). KOMKOM – ein hochwirksames Kommunikationstraining in der Eheberatung. Beratung Aktuell, 1, S. 22 – 40.

Engl, J. / Thurmaier, F. (2010). Gelungene Kommunikation … damit die Liebe bleibt 2. Eine interaktive DVD für Paare in mehrjähriger Beziehung mit Begleitbroschüre. München: Institut für Forschung und Ausbildung in Kommunikationstherapie.

Engl, J. / Thurmaier, F. (2012). Wie redest Du mit mir? Fehler und Möglichkeiten in der Paarkommunikation. Freiburg / Brsg.: Kreuz Verlag.

Gottman, J. M. (1994). What predicts divorce? The relationship between marital processes and marital outcome. Hillsdale, New Jersey: Erlbaum.

Gottman, J. M./Levenson, R. W. (1999). Wie stabil sind Ehebeziehungen über längere Zeit? Familiendynamik 24: S. 4 – 13.

Gottman, J. M. / Notarius, C. I. / Gonso, J. / Markman, H. J. (1976). A couple's guide to communication. Illinois: Research Press.

Grawe, K. (1995). Grundriss einer allgemeinen Psychotherapie. Psychotherapeut, 40, S. 130 – 145.

Grawe, K. / Donati, R. / Bernauer, F. (1994). Psychologie im Wandel. Von der Konfession zur Profession. Göttingen: Hogrefe.

Hahlweg, K. (1986). Partnerschaftliche Interaktion. Empirische Untersuchungen zur Analyse und Modifikation von Beziehungsstörungen. München: Röttger.

Hahlweg, K. (1991). Störung und Auflösung von Beziehungen: Determinanten der Ehequalität und -stabilität. In: Amelang, M. / Ahrens, H.- J. / Bierhoff, H. W. (Hrsg.). Partnerwahl und Partnerschaft. Formen und Grundlagen partnerschaftlicher Beziehungen. Göttingen: Hogrefe, S. 117 – 152.

Hahlweg, K. (1996). Fragebogen zur Partnerschaftsdiagnostik. FPD. Göttingen: Hogrefe.

Hahlweg, K. (2003). Beziehungs- und Interaktionsstörungen. In: Reinecker, H. (Hrsg.). Lehrbuch Klinische Psychologie / Psychotherapie. 4. A. Hogrefe: Göttingen. S. 429 – 453.

Hahlweg, K. / Baucom, D. H. (2008). Partnerschaft und psychische Störung. Göttingen: Hogrefe.

Hahlweg, K./Richter, D. (2010). Prevention of martial instability and couple distress: Results of an 11-year longitudinal follow-up study. Behaviour Research and Therapy, 48, pp. 377 – 383.

Hahlweg, K. / Schindler, L. / Revenstorf, D. (1982). Partnerschaftsprobleme: Diagnose und Therapie. Heidelberg: Springer.

Hank, G. / Hahlweg, K. / Klann, N. (1990). Diagnostische Verfahren für Berater. Materialien zur Diagnostik und Therapie in Ehe, Familien- und Lebensberatung. Weinheim: Beltz Test Gesellschaft.

Jellouschek, H. (2000). Was Paarbeziehungen stabil macht. Gestalttherapie, 2, S. 41 – 53.

Karney, B. R. / Bradbury, T. N. (1995). The longitudinal course of marital quality and stability: A review of theory, method, and research. Psychological Bulletin, 118, S. 3 – 34.

Kiecolt-Glaser, J. K. / Loving, T. J. / Stowell, J. R. / Malarkey, W. B. / Lemcshow, S. / Dickoinson, S. L. / Glaser, R. (2005). Hostile Marital Interactions, Proin flammatory Cytokine Production, and Wound Healing. Archives of General Psychiatry, 62, S. 1377 – 1384.

Klann, N. / Hahlweg, K. (1994). Beratungsbegleitende Forschung – Evaluation von Vorgehensweisen in der Ehe-, Familien- und Lebensberatung und ihre spezifischen Auswirkungen. Band 48.1 Schriftenreihe des Bundesministeriums für Familie, Senioren, Frauen und Jugend. Stuttgart: Kohlhammer.

Lazarus, A. A. (1988). Fallstricke der Liebe. Vierundzwanzig Irrtümer über das Leben zu zweit. Stuttgart: Klett-Cotta.

Lebow, J. L. (2000). Ein wichtiger Beitrag zu einer wissenschaftlichen Untersuchung der Paarbeziehungen. Familiendynamik, 1, S. 39 – 49.

Patterson, G. R. / Hops, H. (1972). Coercion, a game for two: Intervention techniques for marital conflict. In: Ulrich, R. W. / Mountjoy, P. (eds.). The experimental analysis of social behavior. New York: Appleton.

Posada, G. / Pratt, D. M. (2008). Physical aggression in the family and at tachment security in preschoolers. Journal of Family and Marital Therapy, 34, S. 14 – 27.

Proulx, C. M. / Helms, H. M. / Buehler, C. (2007). Marital quality and personal well-being: A meta-analysis. Journal of Marriage and Family, 69, S. 576 – 593.

Saxbe, D. E. / Repetti, R. L. (2009). Fathers and mothers marital relationship predicts daughters? Pubertal development two years later. Journal of Adolescence, 32, S. 415 – 423.

Schneewind, K. A. / Graf, J. / Gerhard, A. K. (2000). Entwicklung von Paarbeziehungen. In: Kaiser, P. (Hrsg.). Partnerschaft und Paartherapie. Hogrefe: Göttingen. S. 97 – 111.

Schneewind, K. A. / Wunderer, E. (2003). Prozessmodelle der Partnerschaftsentwicklung. In: Bierhoff, H.-W. / Grau, I. (Hrsg.). Sozialpsychologie der Paarbeziehung. Berlin: Springer. S. 222 – 252.

Schröder, B. / Hahlweg, K. / Hank, G. / Klann, N. (1994). Sexuelle Unzufriedenheit und Qualität der Partnerschaft. Zeitschrift für Klinische Psychologie, 23, 178 – 187.

Thurmaier, F. (1997). Ehevorbereitung – ein Partnerschaftliches Lernprogramm (EPL). Methodik, Inhalte und Effektivität eines präventiven Paarkommunikationstrainings. München: Institut für Forschung und Ausbildung in Kommunikationstherapie.

Thurmaier, F. / Engl, J. / Hahlweg, K. (1995). Ehevorbereitung – Ein Partnerschaftliches Lernprogramm (EPL). Handbuch für ausgebildete Kursleiter. München: Institut für Forschung und Ausbildung in Kommunikationstherapie.

Thurmaier, F. / Engl, J. / Hahlweg, K. (1999). Eheglück auf Dauer? Methodik, Inhalte und Effektivität eines präventiven Paarkommunikationstrainings – Ergebnisse nach fünf Jahren. Zeitschrift für Klinische Psychologie, 1, S. S. 54 – 62.

Whisman, M. A. (1999). Marital dissatisfaction and psychiatric disorders: Results from the National Comorbidity Survey. Journal of Abnormal Psychology, 108, S. 701 – 706.

Whisman, M. A. (2001). The association between depression and marital dissatisfaction. In: Beach, S. R. H. (ed.). Marital and family processes in depression: A scientific foundation for clinical practise. Washington / DC: American Psychological Association. pp. 3 – 24.

Willi, J. (1975). Die Zweierbeziehung. Reinbek: Rowohlt.

Kontaktadressen

EPL- und KEK-Kurse werden meist hochbezuschusst angeboten. Ausbildung und Supervision der Trainer werden von unserem Institut geregelt. Eine ständig aktualisierte Liste der EPL- und KEK-Anbieter in Deutschland ist erhältlich bei der Arbeitsgemeinschaft katholischer Familienbildung (AKF) e.V., Mainzer Str. 47 in 53175 Bonn, oder auf der Homepage www.epl-kek.de.

Hintergrundinformationen zu den Kursen finden sich unter www.institut-kom.de.

EPL- und KEK-Kurse sind präventive Angebote. Sie sind nicht für Paare gedacht, die schwerwiegende Konflikte haben, denen es schon seit längerer Zeit nicht mehr gelungen ist, sich zu versöhnen oder die eine Trennung beabsichtigen.

Für belastete Paare entwickelten wir das Programm KOMKOM (KOMmunikationsKOMpetenz – Training in der Paarberatung), das mit wachsender Verbreitung von Ehe-, Familien- und Lebensberatungsstellen angeboten wird.

Auch dieses Programm wurde in einer vom Bayerischen Staatsministerium für Arbeit und Sozialordnung, Familie und Frauen geförderten Studie auf seine Effektivität hin überprüft – mit wiederum sehr ermutigenden Ergebnissen:

Mit der 3-jährigen wissenschaftlichen Begleitung einer Münchner Paarstichprobe wurde die erste Langzeitstudie innerhalb der deutschen Eheberatung abgeschlossen. Die anfangs noch hoch belasteten Paare waren nach dem KOMKOM-Training im Mittel deutlich und dauerhaft zufriedener, gingen besser miteinander um und hatten weniger Allgemeinbeschwerden; auch die Zufriedenheit mit der Kindererziehung erhöhte sich nachhaltig.

Hintergrundinformationen zu KOMKOM finden sich ebenfalls unter www.institutkom.de.

Belasteten Paaren raten wir auf jeden Fall, eine Ehe-, Familien- und Lebensberatungsstelle aufzusuchen.
Entsprechende Stellenverzeichnisse für Deutschland finden sich bei:

Katholische Bundeskonferenz Ehe-, Familien- und Lebensberatung, Geschäftsstelle, Kaiserstraße 161, 53113 Bonn, Tel. 0228 – 103 – 370, Fax 0228 – 103 – 334 www.katholische-eheberatung.de

Evangelische Konferenz für Familien- und Lebensberatung e.V., Ziegelstraße 30, 10117 Berlin, Tel. 030 – 28 30 39 – 27, Fax 030 – 28 30 39 – 26
www.ekful.de

Deutsche Arbeitsgemeinschaft für Jugend- und Eheberatung e.V. (DAJEB) Bundesgeschäftsstelle, Neumarkter Straße 84c, 81673 München, Tel. 089 – 4 36 10 91, Fax 089 – 4 31 12 66
www.dajeb.de

Interaktive DVDs gibt es auch zur Stärkung elterlicher Erziehungskompetenzen nach dem Erziehungskonzept „Freiheit in Grenzen“ von Prof. Klaus Schneewind unter: www.verlag-hanshuber.com

Autoren

Dr. Joachim Engl und Dr. Franz Thurmaier

Diplompsychologen, Approbierte Psychotherapeuten (VT), Supervisoren, Ehe-, Familien- und Lebensberater

Institut für Forschung und Ausbildung in Kommunikationstherapie e. V., München; E-Mail: info@institutkom.de; www.institutkom.de

Das Institut ist eine Einrichtung des Erzbischöflichen Ordinariates München. Arbeitsschwerpunkte sind: Angewandte Forschung zu Prävention und Behandlung von Beziehungsstörungen, Ausbildung und Fortbildung von Ehe-, Familien- und Lebensberatern.

Impressum DVD

Konzept und Leitung: Joachim Engl, Franz Thurmaier
Ausführender Produzent: Joachim Schroeder, Preview Production GbR, München

Drehbuch: Joachim Engl, Danielle Erdorf, Jeanette Jungkunz, Michael Müller-Erdorf, Franz Thurmaier
Texte und Begleitbroschüre: Joachim Engl, Franz Thurmaier

Darsteller
Hauptdarsteller:
Julia Haacke (Susanne)
Anton Algrang (Thomas)
Nebendarsteller(in der Reihenfolge ihres Auftretens):
Sarah Thurmaier (Tochter Paula)
Nico Liersch (Sohn Michael)
Konstanze Wolf (Tierpflegerin)
Sonja Beck (Eva)
Johanna Baumann (Mutter von Thomas)
Arthur Klemt (Angestellter Bernd)
Nina Brandhoff (Sabine)
Hartmut Kunze (Rainer)

Filmproduktion
Preview Production GbR, München, Geschäftsführender Gesellschafter Joachim Schroeder
Produktionsleitung: Stefan Tschoner
Regie: Maximilian Engert, Marijan Vajda
Kamera: Matthias Benzing
Kameraassistenz, Schärfe: Axel Ebermann
Ton: Eric Schäfer
Tonassistent: Daniel Bernhardt
Oberbeleuchter: Bruno Hartl
Beleuchter: Peter Saam
Maske: Jennifer Nieschmidt
Ausstattung und Catering: Stephan Overbeck
Halter und Trainer von Sidney (Hund im Tierheim): Stephan Overbeck
Runner: Giovanni Siliberto
Casting: Hanna Hansen
Musik: Christian Birawsky, Robert Papst

Schnitt und Color Grading: Claudio Schmid
Sprecher: Christian Baumann

DVD Entwicklung und Produktion
Preview Production GbR, München, Geschäftsführender Gesellschafter Joachim Schroeder
DVD-Authoring: Heinrich Blank
Design DVD-Label: Daniel Holl
Logo: Kippconcept, Bonn

Projektförderung
Bayerisches Staatsministerium für Arbeit und Sozialordnung, Familie und Frauen